POÉSIES DIVERSES

DU CARDINAL

De Bernis

Avec une Notice bio-bibliographique

PAR

FERNAND DRUJON

PARIS

A. QUANTIN, IMPRIMEUR-ÉDITEUR

7, RUE SAINT-BENOIT

1882

POÉSIES DIVERSES

DU CARDINAL

De Bernis

TIRAGE A PETIT NOMBRE.

FRANÇOIS-JOACHIM DE PIERRES
CARDINAL DE BERNIS

NOTICE SUR LA VIE

ET LES ŒUVRES DE BERNIS

ON moins que les arts et les sciences, les lettres peuvent mener à tout ; il n'est point de bel avantage qu'elles ne procurent à ceux qui les cultivent, et, de nos jours comme au siècle dernier, il serait facile de citer nombre d'écrivains éminents que leurs ouvrages seuls ont conduits à la fortune et aux honneurs. Ce qui se rencontre moins aisément, c'est un auteur, de mérite très secondaire, parti de la situation la plus modeste et parvenu, grâce à la vogue de ses petits écrits, non seulement à la richesse et aux plus hautes distinctions, mais même aux premières charges de l'État ; c'est ce

a

phénomène, unique peut-être dans notre histoire litté-
raire, que nous offre la vie du poète-cardinal de Bernis;
on verra par la suite que cette assertion n'est nullement
paradoxale.

Il ne saurait être question de suivre pas à pas, en
ces quelques pages, la longue carrière du célèbre abbé; sa
personnalité est si complexe, il est si intimement mêlé à
l'histoire politique de son temps, qu'il faudrait près d'un
volume pour bien faire sa biographie. Déjà, d'ailleurs,
d'excellentes études ont été publiées sur Bernis considéré
comme homme d'État et comme homme d'Église; il y
aurait beaucoup de témérité à revenir sur ces points
traités avec autant de sagacité que de talent par de judi-
cieux écrivains; ce ne sera donc point le diplomate et le
prélat, mais bien l'homme de lettres que nous allons
envisager surtout dans cette courte notice[1].

François-Joachim de Pierre de Bernis *est né, le*
22 mai 1715, *au château de Saint-Marcel, en Vivarais,*
dans un petit village qui forme aujourd'hui une assez
grosse commune du canton de Bourg-Saint-Andéol
(arrondissement de Privas. — Ardèche). — Il était le
deuxième fils de Joachim de Pierre et de Marie-Élisabeth
du Chastel de Condres. Sa famille, égale sinon supé-
rieure aux plus nobles maisons du royaume, faisait

1. On trouvera dans l'*Appendice*, à la fin du volume, l'indi-
cation des écrits à consulter sur la vie du cardinal de Bernis :
il convient de dire dès à présent que l'on s'est principalement
inspiré, pour la rédaction de ce court travail, de l'excellente
édition des *Mémoires* publiée par M. Frédéric Masson. La
plupart des passages placés entre guillemets sont extraits de
cet ouvrage.

remonter sa filiation, sans nulle interruption, jusqu'à l'an 1098*; dès* 1116*, ses ancêtres tous qualifiés damoiseaux et chevaliers possédaient plusieurs grosses baronnies des états de Languedoc. Il faut insister sur cette noblesse si authentique; ce fut, hélas! le seul patrimoine utile de Bernis, patrimoine, il est vrai, fort appréciable encore sous l'ancien régime où tant de carrières étaient inaccessibles à qui ne pouvait invoquer le privilège d'une noble naissance. L'illustration de sa race, d'ailleurs, fut toujours pour notre auteur l'objet d'une sorte de culte respectueux, moins assurément pour les avantages qu'il en pouvait retirer que par un profond sentiment de fière dignité : à plusieurs reprises, dans ses mémoires, il fait complaisamment allusion à l'ancienneté de sa famille « qui n'a jamais altéré par aucune mauvaise alliance la pureté de son origine et qui compte, avec une double descendance de la maison royale, des alliances nombreuses avec les plus grandes familles d'Europe ». — Il s'en fallait de beaucoup malheureusement que la prospérité de cette maison répondît à son illustration; M. J. de Bernis, père, « né avec tous les avantages qui conduisent un gentilhomme à la grande fortune, n'avait, faute de conduite et de patience, tiré aucune utilité de vingt ans de services ». Vivant médiocrement et loin du monde, il éleva tant bien que mal ses quatre enfants : deux filles « qu'il traita durement » et deux fils, « pour l'éducation desquels il fit un dernier effort de sacrifices ».*

Le jeune Bernis, dont la naissance faillit coûter la vie à sa mère, fut immédiatement confié à une nourrice et élevé au milieu des champs ainsi dès son enfance il subit des impressions qui, plus tard, ne furent pas sans influence sur ses ouvrages. « *Je passais, raconte-t-il lui-même, des heures à parcourir les différents spectacles de la nature : les remarques que je faisais alors. s'étaient tellement imprimées dans ma mémoire que, lorsque j'ai cultivé la poésie, je me suis trouvé plus de talent et de fonds qu'un autre pour peindre la nature avec des couleurs vraies et sensibles.* »

Rentré sous le toit paternel, l'enfant fut bientôt soustrait à la tutelle des femmes et commença ses études, avec son frère aîné, d'abord. sous la direction d'un précepteur honnête homme et instruit ; puis, sous la férule (c'est le mot) d'un séminariste d'une dévotion extravagante qui accablait ses élèves de jeûnes, de coups de discipline et de ridicules austérités. À cette espèce de fou succédèrent trois ou quatre autres précepteurs ignorants, brutaux ou libertins. Complètement dégoûté, par ces essais, de l'éducation domestique, M. de Bernis se décida à envoyer ses. fils au collège des barnabites du Bourg-Saint-Andéol, où le futur cardinal ne tarda pas à conquérir les premières places.

Dans le cours de sa douzième année, le jeune François-Joachim, séduit sans doute par les. charmes apparents de la vie simple et facile des religieux ses maîtres, crut se sentir de la vocation pour l'état ecclésiastique ; il est à présumer plutôt que, destiné comme cadet de famille, à entrer dans l'ordre de Malte, il désespéra tout à coup d'obtenir jamais la croix de cette sorte de corporation militaire et résolut de la remplacer un jour par celle des évêques. Après quelques résistances de la part de ses parents, il fut tonsuré au bout d'un mois de retraite ; notons, en passant, que sa vocation éprouva quelque *refroidissement, car ce ne fut que trente ans plus tard qu'il se détermina à recevoir la prêtrise. — Ainsi, par un caprice d'enfant, Bernis entra dans l'Église, où il devait faire cette prodigieuse fortune que le métier des armes ne lui eût vraisemblablement pas procurée ; par contre, presque dans le même temps, l'aimable chevalier de Boufflers, qui se préparait aussi à devenir évèque, ayant eu l'imprudence de publier un peu trop tôt son joli conte d'Aline, dut jeter son petit collet par-dessus les murs du séminaire, prendre la « croix à huit pointes » et se réfugier dans la carrière militaire où l'attendaient tant de succès et d'honneurs. Telle est la fragilité des destinées humaines que transforme et bouleverse le moindre incident.*

Au mois d'août 1729, *M. de Bernis, « qui écrivait assez noblement et savait parler misère sans demander l'aumône », obtint du cardinal de Fleury, son ancien ami, l'admission de ses deux fils au collège Louis-le-Grand, alors dirigé par les jésuites. François-Joachim ne se distingua pas moins à Paris que chez les Barnabites du Bourg-Saint-Andéol, et, après deux années de brillantes études sous la direction des Pères Porée, La Sante et Tournemine, il entra, en* 1731, *au séminaire de Saint-Sulpice.*

Son séjour dans cette célèbre maison ne laissa pas une bonne impression dans l'esprit du jeune Bernis ; comme partout cependant, il s'y fit remarquer par la douceur de ses manières, sa vive intelligence, son zèle à étudier la théologie et la philosophie, sa piété sincère et l'absolue régularité de ses mœurs. Il ne pécha que par excès de franchise et ne cacha pas assez à ses supérieurs

et à ses camarades l'espèce de mépris que lui inspiraient
« certaines doctrines, certaines pratiques religieuses trop
minutielles *(sic)*, en un mot, cette éducation pleine de
petitesses et de momeries et propre tout au plus à former
des vicaires et des curés », et non d'habiles docteurs et
des prélats distingués. — *Il eut en outre le tort plus
grave de consacrer ses nombreux moments de loisir à
l'étude de la littérature, ce qui lui valut bientôt une
réputation au moins prématurée de bel esprit, réputation
dangereuse aux yeux des vieux et sévères directeurs de la
maison : son goût pour les belles-lettres le fit en effet
considérer comme un homme trop mondain, et sa franchise le fit taxer d'esprit indépendant ; par suite, tandis
que ses camarades, dont la plupart ne le valaient pas,
obtenaient à l'envi force cures et bénéfices, Bernis fut
peu à peu mis de côté, oublié, évincé même du séminaire.
Écarté par ses supérieurs, dédaigné par les hautains
prélats (cette vaine* mitraille, *comme il les appelle),
trahi par ses amis* « qui lui firent éprouver maintes
noirceurs », *il fut bientôt, pour comble de disgrâce,
abandonné par son père lui-même qui, mal renseigné
sans doute et outré de ne le voir aboutir à rien, lui sup-
prima promptement tout subside.*

Voici donc notre pauvre abbé sans pension, sans res-
sources, sans amis et sans conseil, livré à lui-même, à
dix-neuf ans, dans une ville comme Paris. « *Si j'avais
eu des vices, écrivit-il plus tard, ils se seraient développés
dans une circonstance si critique. Je m'armai de courage ; je sus prendre mon parti et mettre à profit l'adversité qui est un bon maître.* » — *Passant d'une
adolescence peu facile à une jeunesse moins heureuse*

encore, il va lui falloir, pendant près de quinze ans, lutter contre de pressants besoins, contre des intrigues et des difficultés de toute sorte.

Des écrivains qui se dirent ses amis et furent même ses adulateurs n'ont pas craint de représenter Bernis, à cette époque de sa vie, comme un pauvre hère famélique vivant à la remorque de quiconque le faisait dîner; les uns le montrent se glissant dans le monde par d'infimes protections, soit grâce aux bontés d'une bourgeoise sensible, *soit même par les soins « d'une petite marchande de modes assez jolie, avec laquelle il se lia, qui le présenta à quelques-unes de ses pratiques et le fit descendre des mansardes aux salons du premier étage; d'autres donnent à entendre qu'il vendait son esprit au cachet et recevait fort bien de ses hôtes un petit écu pour payer sa chaise : pour un peu, ces messieurs lui feraient courtiser vénalement les soubrettes et le représenteraient comme un quêteur à domicile. De telles allégations ne sauraient être accueillies : Bernis était pauvre, mais très fier et il n'eût jamais voulu se prêter à des manœuvres indignes de son nom et de sa race; celui là n'a pu, en aucun temps, se laisser aller à des promiscuités indignes, qui sut répondre un jour aux aigres et injurieux propos d'une impérieuse favorite : « Sachez, madame, qu'on ne tire jamais un comte de Lyon de la poussière! » Pour faire son chemin dans le monde, du reste, il n'avait pas besoin de ces tristes expédients. Sa naissance lui ouvrait de droit toutes les portes, alors même que son esprit et les avantages de sa personne n'eussent point suffi à les forcer. Qu'on en juge par les appréciations de ceux qui parlèrent de lui sans prévention :*

« *L'abbé de Bernis, dit Marmontel, qui ne le ménagea*
guère lorsqu'il fut tombé du pouvoir, l'abbé de Bernis,
échappé du séminaire Saint-Sulpice où il avait mal
réussi, était un poète galant, bien joufflu, bien frais, bien
poupin et qui, avec le Gentil-Bernard, amusait de ses
jolis vers les joyeux soupers de Paris. » *Duclos, son ami*
il est vrai, mais écrivain peu tendre d'ordinaire,
n'hésite point à écrire : «· *De la naissance, une figure*
aimable, une physionomie de candeur, *beaucoup*
d'esprit, d'agrément, un jugement sain et un caractère
sûr, le firent rechercher par toutes les sociétés ; il y
vivait agréablement. » *Enfin, Voltaire même lui écrivait*
après bien des années écoulées : « *Je me souviens*
toujours de vos grâces, de votre belle physionomie, de
votre esprit... » *Si à ces divers témoignages on joint la*
propre confession de Bernis, on aura, il faut l'avouer,
l'idée exacte de sa situation dans le monde et le secret de
son véritable caractère. Voici comment il s'apprécie lui-
même dans ses mémoires : « *Ma disgrâce me donna du*
relief. En entrant dans le monde, je la supportais avec
gaieté et courage ; elle me rendit intéressant. D'ailleurs,
sans violer les règles de la prudence, et sans m'écarter
des bienséances et des égards, je ne me contraignis pas
sur le compte du cardinal de Fleury. Il ne manquait pas
d'ennemis : tout principal ministre en a beaucoup. Ces
gens-là me recherchaient, et je fus admis de très bonne
heure dans la confidence de toutes les intrigues du temps.
J'étais secret, quoique ouvert ; cette qualité fit oublier ma
jeunesse. J'appris ainsi de bonne heure à connaître la
cour, et comme la réflexion a toujours été l'attribut
distinctif de mon esprit, je faisais un grand profit de

toutes les anecdotes qui m'étaient confiées. — A vingt ans, j'étais admis dans la société des Torcy, des Polignac, des d'Aguesseau, des. Bolingbroke. En même temps je dinais avec Fontenelle, Montesquieu, Mairan, Maupertuis, Crébillon. Mon langage n'était point étranger à la conversation de gens si différents. La lecture me fournissait de quoi - payer mon contingent en plusieurs genres ; les idées des autres germaient facilement dans ma tête et en faisaient naître d'autres. Jamais personne n'a saisi plus aisément que moi le caractère particulier de chaque homme, de chaque société. Il ne m'en coûtait rien pour prendre le ton des autres, sans perdre cependant celui qui m'était propre. Cette facilité de mœurs et d'esprit me rendit fort aimable dans la société ; j'y devins ce qu'on appelle dans le monde la coqueluche. *Il fallait s'y prendre de loin pour m'avoir à souper. J'étais fort à la mode, sans que ces succès me donnassent aucune vanité intérieure, ni aucun air de fatuité.*

«.... Le monde me voyait pauvre et gai dans la disgrâce, sans humiliation, cherchant des amis et dédaignant les protecteurs, sans fortune et ne prenant aucun moyen pour en acquérir. On me crut le plus heureux homme du monde ; on attribua à mon tempérament ce qui était l'effet de mon courage. Je suis né sensible à l'excès. Ma situation m'humiliait, j'en dévorais l'amertume ; mais je savais bien qu'un visage triste intéresse peu de temps et fatigue bientôt. J'eus donc la force de garder mes chagrins pour moi, et de ne faire briller aux yeux des autres que mon imagination et ma gaîté. »

On vient de lire plus haut le nom du cardinal. de Fleury : Bernis eut tort, sans aucun doute, de « ne.

pas assez se contraindre sur son compte » et il perdit
beaucoup à ne point faire convenablement sa cour à
l'ambitieux et dissimulé vieillard. Mais ce défaut est
plutôt à sa louange, puisqu'il prouve une fois de plus
l'indépendance de son esprit. Il commit, il est vrai, certaines imprudences ; tout le monde connaît la fameuse
anecdote de son entrevue avec le tout-puissant ministre
auquel il venait demander ou un bénéfice, ou de l'emploi.
Le cardinal, choqué de sa liberté d'allures, lui reprocha
durement sa vie trop mondaine et finit par lui dire avec
beaucoup d'humeur : « Oh ! monsieur, tant que je vivrai,
vous n'aurez point de bénéfices. — Eh ! bien, monseigneur, j'attendrai ! » répliqua sur le champ l'audacieux
abbé, en faisant sa plus belle révérence. Fleury, paraît-il,
trouva le mot bon, car ce fut lui-même qui le divulgua ;
mot superbe en effet, mot fort joli qu'accueillirent avec
applaudissement et la cour et la ville, mot qui fit grand
honneur à l'abbé, mais qui ne lui rapporta rien ; Bernis
devait attendre jusqu'en 1751.

Ce ne fut point d'ailleurs sa seule témérité à l'égard
du redoutable ministre : En 1742, dans l'un de ces
soupers, plus brillants par le choix des convives que par
la bonne chère et où chacun payait son écot en saillies,
on apporta subitement la nouvelle que le cardinal venait
de mourir. Grande surprise, grand émoi et finalement
grande joie des convives qui, séance tenante, ouvrent un
concours d'épitaphes en l'honneur du défunt. Ce fut,
comme on peut croire, à qui décocherait le trait le plus
malicieux, la plus sanglante épigramme. Bernis, double-
ment inspiré par les rigueurs du défunt et par l'espoir
d'un sort meilleur, fut, de l'avis unanime, le plus mor-

dant des concurrents, parmi lesquels figuraient pourtant Duclos et Voltaire ; il improvisa les vers suivants :

> Ci-gît qui, loin du faste et de l'éclat,
> Se bornant au pouvoir suprême,
> N'ayant vécu que pour lui-même,
> Mourut pour le bien de l'État.

Déjà des copies du triomphant quatrain étaient expédiées à la hâte par la ville, quand, hélas ! un second message fit connaître que la nouvelle était fausse et que le mort se portait fort bien. Quel revirement, quelle terreur pour nos étourdis ! pour Bernis surtout, le plus compromis de tous et qui ne revint définitivement de cette belle peur qu'au bout d'une année entière, quand le cardinal-ministre voulut bien enfin mourir pour tout de bon. Il ne tira pas, d'ailleurs, grand profit de cet événement ; il ne devait échapper aux rancunes de Fleury que pour venir se heurter à l'obstination de M. l'évêque de Mirepoix, l'ex-théatin Boyer, chargé de la feuille des bénéfices, homme peu éclairé, zélé et dur, qui sut rarement faire des choix heureux.

Mais n'anticipons pas et voyons un peu les débuts littéraires de Bernis. C'est tout à l'improviste et presque sans y penser qu'il devient auteur ; nous sommes en 1736 ; Gresset qui, deux ans auparavant, avait publié avec tant de succès Vert-Vert, *son premier ouvrage, vient de faire paraître la* Chartreuse, *qui excite plus d'applaudissements encore ; ce grand enthousiasme paraît excessif à notre abbé, qui ne se gêne pas pour le dire.* « Faites mieux », *lui réplique-t-on, en manière de défi ;*

sans prétendre à mieux faire, il veut montrer qu'on peut faire aussi bien et, comme son rival, écrit en se jouant « *l'Épître sur la Paresse* ». Bientôt il court partout des copies de cette jolie pièce, que l'on imprime sans son aveu et sans son nom et que le public enchanté croit être de Gresset.

De fait, cette première production, qui n'est certes pas la plus mauvaise de Bernis, devait plaire à bien des gens, désireux comme lui de

> Goûter voluptueusement
> Le doux plaisir de ne rien faire
> Et de penser tranquillement.

Quelles séduisantes maximes, en effet, que celles de ce jeune épicurien qui préfère la mollesse aux grandes entreprises :

> Sous les grands travaux je succombe
> Les jeux et les ris sont mes dieux.
> . . . .
> Pour éterniser sa mémoire,
> On perd les moments les plus doux :
> Pourquoi chercher si loin la gloire ?
> Le plaisir est si près de nous !
> . . . .
> La gloire vaut-elle la peine
> Que j'abandonne les plaisirs ?

Que de chagrins et peut-être aussi que de désastres eût évités le futur ministre, s'il eût toujours pensé de la sorte !

Enhardi par ce premier succès, Bernis compose son « *Épître aux dieux Pénates* », également bien accueillie, *imprimée à son insu, ou du moins sans sa participation, et, comme sa devancière, attribuée d'abord à Gresset. Ce nouvel essai poétique, spirituel et très bien tourné, contient déjà en germe toutes les qualités et tous les défauts de son auteur : on y trouve, avec sa facilité ordinaire et une suffisante correction, cette accumulation de fleurs, d'astres éclatants et surtout cette profusion d'amours et de zéphirs qui seront partout chez Bernis et qui ont fait dire à d'Alembert que « si on leur coupait les ailes, on lui couperait les vivres ».*

Tels qu'ils étaient cependant, ces petits vers firent fureur et lui servirent de passeport dans le monde des beaux esprits. « Bientôt, dit Bernis lui-même, le voile qui me couvrait encore se déchira et mon nom vola de bouche en bouche ; il cessa même d'être inconnu aux étrangers, tant il est vrai que quelques vers heureux donnent plus promptement de la célébrité qu'un ouvrage purement utile. »

Ainsi lancé, *le jeune poète n'avait plus à redouter d'insuccès ; ce qu'il avait commencé « par un besoin de distractions » allait devenir le plus sûr instrument de sa réputation et de sa fortune. Dans un siècle où l'esprit était fort goûté, il choisit le genre le plus agréable et il lui coûta peu de réussir ; versifier était un jeu pour lui et non pas un travail. Il pouvait « laisser couler ses vers, enfants de la nature » ; il avait, du premier coup, trouvé et adopté le genre à la mode, le genre qui plaisait aux belles dames, et, pour un ou deux critiques, il devait rencontrer cent admirateurs. Aussi, Dieu sait s'il se fit faute de prodiguer les fleurs, les bouquets, les guirlandes et de bourrer ses petits vers de nymphes et de divinités*

variées. Il avait cependant lui-même proclamé bien haut
que

    Le naturel est le sceau du génie ;

mais sans doute il ne tenait pas au génie et il oublia
complètement de

    Sacrifier à la simplicité
    Le faux éclat d'un style *brillanté,*

s'abandonnant pleinement, au contraire, à

    .... Ce jargon languissant,
    Ces vains essais d'un poète impuissant
    Qui, destructeur des jardins de Cythère,
    — Ne peut sans rose habiller sa Glycère.

Ne semble-t-il pas qu'en écrivant ces vers, le bon abbé
ait, sans le vouloir, fait sa propre critique ?

Son bagage poétique n'est pas, on le sait, fort considé-
rable : outre ses deux petits poèmes légers « Les quatre
parties du jour » et « Les quatre saisons », et ses dix
chants, très longs et très lourds, de la « Religion
vengée », il n'a laissé qu'une soixantaine de pièces, odes,
épîtres et madrigaux. — L'épître fut assurément le
genre favori de Bernis ; il n'en a pas composé moins de
quatorze, dont les titres parfois assez pompeux attirent
l'attention du lecteur qui ne peut guère s'empêcher d'y
glisser un coup d'œil : « Les mœurs », « Le goût »,
« Contre le libertinage », « Sur l'indépendance », « Aux
grâces », « Sur l'amour de la patrie ». Voilà certes de
beaux sujets qui promettent de belles choses ; il faut par
malheur en rabattre et s'attendre à quelques déceptions.

Ce n'est pas sans motif que Fariau de Saint-Ange a pu appeler notre auteur « un poète à éventail », et qu'un critique de nos jours, bien dur il est vrai pour le pauvre abbé, l'a traité de « parfumeur littéraire ». Toujours propret et pomponné, Bernis ne peut s'abstenir, même dans ses pièces les plus sérieuses, d'introduire son cortège mythologique et tout son magasin de galants accessoires. Et si l'on ajoute à l'encombrement de ces fadeurs vieillottes les torrents de son inépuisable facilité, on pourra très justement lui appliquer, en le modifiant, le jugement de Boileau sur Perse et dire que Bernis

.... Dans ses vers *peu* serrés, *peu* pressants,
Affecta d'enfermer *plus* de mots que de sens.

Faut-il conclure de tout ceci que les poésies de Bernis sont absolument dénuées de valeur ? Non, ce serait aller trop loin et, pour deux raisons, le traiter avec injustice : d'abord, il n'a pas prétendu viser au sublime ; il a écrit pour son temps et pour une société toute spéciale dont nous n'avons plus l'équivalent aujourd'hui ; en second lieu, il faut reconnaître que, même au milieu de ces perpétuels sacrifices aux Grâces, même dans ce déluge de

Petits vers doux, tendres et langoureux,

on rencontre en maints endroits de belles pensées noblement formulées, de bons vers bien frappés, des passages harmonieusement rythmés que ne désavoueraient pas les meilleurs écrivains ; citons au hasard :

Nos amis ne sont rien, nous nous aimons en eux.
(Epitre V.)

N'est-ce pas là l'expression d'un égoïsme très fin?

Il faut sentir pour savoir l'art de peindre.

(Épitre I.)

On pourrait presque prendre ce vers pour une traduction du fameux axiome : Nil fit in intellectu, nisi priùs in sensu.

Outrager est d'un fou, flatter est d'un esclave.

(Épitre III.)

Voilà vraiment dire beaucoup en peu de mots.

Il n'est point à la cour de pardon pour l'offense.

(*Sur la Cour.*)

Grande vérité que Bernis, malgré son extrême douceur, eut occasion de vérifier souvent par la suite.
Que de penseurs et d'hommes instruits feraient bien de méditer ce vers :

L'esprit est un vaisseau qu'il faut savoir régir.

(*La Religion vengée*, chant X.)

Le monde est une mer dont, en tout temps, les sages
Ont contemplé de loin le calme et les orages.

(*Id.*, ch. V.)

On pourrait, ce nous semble, moins bien interpréter ce fameux passage de Lucrèce : Suave mari magno, *etc.*

En vain du pyrrhonisme on répand l'imposture :
Un doute universel n'est point dans la nature ;
Elle nous porte à croire, et non pas à douter.

(*Id.*, ch. VII.)

Il n'est point de spiritualistes et de déistes qui ne s'accommodent très bien de ces vers.

Enfin la strophe suivante, la cinquième de l'ode sur les rois, ne manque ni d'énergie ni de grandeur, et il y avait bien quelque mérite à l'écrire alors, surtout pour un abbé de cour :

> Princes, dont la cendre repose
> Au pied des plus riches autels,
> Souvent, malgré l'apothéose,
> Vous êtes l'horreur des mortels :
> En vain, dans vos palais nourrie,
> La folle et basse flatterie
> Chante vos hymnes en tout lieu ;
> Le temps détruit l'idolâtrie
> Et brise l'autel et le dieu.

On le voit, même dans tout ce clinquant et toute cette prétintaille *qui remplissent les œuvres de Bernis, il y a encore beaucoup de bonnes choses à prendre. Voltaire lui-même était loin de faire fi de toutes ses productions : en maintes occasions, notamment dans sa correspondance, il prit soin de rendre justice aux qualités de notre auteur. Sans doute, il entrait bien de l'adulation dans ses louanges ; on sait que le bonhomme perdait rarement une occasion de flatter les puissants et les grands. Avec son merveilleux esprit d'ailleurs, il sut nettement caractériser d'un mot le talent poétique de Bernis, en lui donnant ce fameux sobriquet de* Babet la bouquetière, *qui restera attaché d'une manière indissoluble au nom du futur cardinal : ce surnom lui fut suggéré par la présence d'une grosse bouquetière, nommée Babet ou Babette, alors fort en vogue, qui se tenait habituellement*

b

à la porte de l'Opéra, où elle était vue de tout Paris.
Nous avons bien encore des bouquetières à la mode, mais
les Babet deviennent rares aujourd'hui, qui écrivent des
vers comme ceux-ci :

> Heureux qui peut, comme Voltaire,
> Chanter les belles et les dieux, etc., etc.
>
> (*Ode sur les Poëtes lyriques.* Strophe X.)

Ajoutons que l'excellent Voltaire ne manquait jamais
d'appeler Bernis la belle *Babet en s'adressant à lui-*
même et la grosse *Babet quand il en parlait à d'autres.*

Après Voltaire et plus consciencieusement que lui,
l'homme qui a le mieux jugé notre auteur (quoique avec
un peu de sévérité (est sans contredit M. Sainte-Beuve;
or ce qui a particulièrement frappé l'éminent critique, c'est
qu'en ses moments les meilleurs, Bernis a une certaine
langueur harmonieuse qui a un faux air du « premier
Lamartine en ses plus faibles moments»; ainsi, en divers
endroits, notamment dans les pièces du Soir *et de la*
Nuit, on découvre des groupes de quatre ou cinq vers
qui, à l'oreille, donnent déjà le sentiment de la stance de
Lamartine; tel est, par exemple, ce passage de l'Épître
aux dieux Pénates :

> L'ombre descend, le jour s'efface;
> Le char du Soleil, qui s'enfuit,
> Se joue en vain sur la surface
> De l'onde qui le reproduit.... »

On trouverait encore des traces de cette cadence har-
monieuse dans « les Quatre saisons », le plus riant, le

plus gracieux et peut-être le plus séduisant opuscule de Bernis, s'il n'était gâté par la multiplicité des tableaux et des épisodes qui y sont entassés sans ordre et sans repos.

Au reste, il faut bien en convenir, ce n'est ni par la méthode ni surtout par l'invention que brille notre auteur : son grand poème de « la Religion vengée » en est la meilleure preuve. — Cette œuvre, la plus sérieuse qu'il ait entreprise et qui ne fut même pas imprimée de son vivant, fut commencée, dès 1737, à l'instigation du cardinal de Polignac. Le père Tournemine, désireux d'être utile à Bernis, avait engagé le célèbre auteur de l'Anti-Lucretius *à faire traduire en vers français, par le jeune abbé, divers chants de ce poème latin, dont on n'avait encore que des copies manuscrites. Le prélat pensa sagement que Bernis pouvait faire mieux qu'une simple traduction d'un ouvrage dirigé principalement contre les matérialistes et il l'invita à combattre, dans une œuvre d'ensemble, tous les incrédules. Ce conseil échauffa le « génie » du jeune poète qui se mit sur-le-champ à l'œuvre et composa, en très peu de temps, les quatre premiers chants de sa* Religion vengée. *Les six autres ne furent écrits que deux années après, à Saint-Marcel, pendant un court séjour qu'il fit, en 1739, dans la maison paternelle. Alors, ce fut l'illustre évêque de Clermont, Massillon, son protecteur et son ami, qui le poussa à terminer son œuvre. Telle était la facilité de Bernis à faire des vers que, comme il le raconte lui-même, il composa, en vingt-quatre heures, sans intervalle, les huit cents vers du chant VII, le Pyrrhonisme, et sans avoir beaucoup à y retoucher. Malheureuse-*

*ment tous ces ouvrages si facilement écrits et quoique
bien accueillis à la lecture, dans la société, ne pouvaient
obtenir qu'un succès éphémère qui, plus tard devait
s'évanouir tout à fait à l'impression.* On ne le vit que
trop *pour* les Quatre parties du jour, *en* 1760; *pour*
les Quatre saisons, *en* 1763, *et, en* 1795, *pour* la Religion vengée. *Il faut dire que Bernis se faisait peu
d'illusion sur le mérite de ses vers :* « *Dans le fond de
mon âme, dit-il, j'estimais assez peu mes productions;
mais je savais qu'elles établiraient rapidement la réputation de mon esprit, que cette réputation me serait un
peu utile; qu'en abandonnant ensuite la poésie, j'évite-
rais les inconvénients qui y sont attachés et que la célébrité me resterait. Je ne me trompai pas dans ma
prévision.* »

*Il est très certain que Bernis fit bien de se montrer
patient et d'être modeste dans ses prétentions, car, pour
le moment, sa fortune n'avançait guère.* Il avait bien,
en 1739, *obtenu un canonicat au chapitre de Brioude,
en Auvergne; c'était une place convenable pour un gentilhomme, mais dont les revenus étaient fort insuffisants.
En allant prendre possession de sa* comté, *comme on
appelait ces canonicats, dont les titulaires devaient faire
preuve de pure et ancienne noblesse, il revint du préjugé
qu'on ne peut vivre ailleurs qu'à Paris; il trouva dans
cette province des gens d'un esprit solide et quelquefois
des gens aimables : cette expérience ne lui fut pas inutile
pendant son exil de six ans.*

*De retour à Paris, il lui fallut reprendre sa vie de
gêne et même de privations. D'ailleurs, comme on dirait
aujourd'hui, il n'avait pas de chance : quelqu'un s'inté-*

ressait-il à lui, quelque bonne aubaine se présentait-elle,
vite un incident détruisait ses espérances ou un rival
plus heureux l'emportait sur lui. Ainsi, un certain jour,
l'évêque de Luçon, M. de Bussy-Rabutin, celui-là même
qu'on appelait le dieu de la bonne compagnie, autrefois grand ami de sa famille, réussit à raccommoder
Bernis avec Saint-Sulpice et obtient de M. de Vinti-
mille, archevêque de Paris, la promesse d'un canonicat à
Notre-Dame, pour son protégé ; c'est presque chose faite,
mais le jour même où l'on va consommer cette affaire,
l'archevêque meurt d'une indigestion à sa maison de
Conflans. Des accidents à peu près semblables ont privé
cent fois le pauvre abbé d'un établissement qui paraissait
assuré.

En attendant mieux, Bernis, qui a vu se fermer
devant lui la porte des bénéfices et des charges d'Église,
veut au moins arriver à obtenir ce que l'abbé de la Blet-
terie appelait fort plaisamment le tabouret de l'esprit.
En 1744, l'abbé Gédoyn, le vieux soupirant de la vieille
Ninon, vient à mourir : à l'aide de ses puissants amis,
et l'on sait qu'il n'en manquait pas, Bernis, bien que
âgé de vingt-neuf ans seulement, se décide à postuler la
succession du traducteur de Pausanias ; il fait les démarches
nécessaires ; toute la bonne compagnie de Paris et de
Versailles s'intéresse pour lui. Là encore il se heurte
contre une cabale d'autant plus sérieuse qu'elle est
dirigée par Mᵐᵉ de Tencin qui, deux fois la semaine,
tient table ouverte pour les beaux esprits. La bonne dame
réfugiée, vu son âge, de la galanterie dans la littérature,
lui oppose le grammairien Girard qui, on doit l'avouer,
avait au moins autant, sinon plus de titres que Bernis

au fauteuil académique. « Un soir, disent les mémoires
du temps, les convives de la digne chanoinesse se trouvèrent partagés entre l'abbé de Bernis et l'abbé Girard,
auteur des Synonymes français. Piron était du dîner et
de la consultation; comme il se disait consolé de tous les
fauteuils possibles par une pension de cent pistoles, on lui
demanda auquel des deux il donnerait sa voix. — « A
l'abbé Girard, c'est un bon diable ! » — Il avait la vue
basse, et ne s'était pas aperçu que l'abbé de Bernis
n'était pas loin de lui. On l'en avertit à l'oreille, et
alors, se retournant de son côté : « Y pensez-vous,
monsieur l'abbé, lui dit-il, de vous mettre sur les rangs.
Vous êtes trop jeune, ce me semble, pour demander les
invalides. »

Il fallut livrer une vraie bataille, le combat fut long et
la victoire finit par rester, non sans peine, à Bernis qui,
lors de sa réception à l'Académie française, ne prononça
qu'un discours assez correct dans la forme, mais médiocre
au fond et vraiment trop pauvre d'idées. Le nouvel
immortel ne devait pas faire grand honneur à ses col-
lègues qui trouvèrent cependant en lui un ami toujours
dévoué. « Content de m'être fait un nom dans les lettres,
dit-il, je ne voulus pas qu'on crût que je m'étais borné à
les cultiver. Une assiduité trop grande aux séances de
l'Académie aurait été nuisible aux vues que je commen-
çais à avoir. J'évitai donc cette espèce de ridicule que
m'auraient certainement donné les gens du monde et je
me sauvai par cette conduite du danger qu'il y a pour
la satire à vivre trop étroitement avec les gens de
lettres. » On ne saurait être ni plus grand seigneur.... .
ni moins académicien.

Déjà, on le voit, commençaient à percer au grand jour ces dispositions ambitieuses qui n'avaient, jusque-là, existé chez Bernis qu'à l'état latent. Tout en briguant les honneurs académiques, il étendait de plus en plus le cercle de ses relations, passant de la cour, où il était admis, et des sociétés les plus aristocratiques, à des compagnies moins brillantes au point de vue de la noblesse, mais dont les membres rachetaient par les avantages de la richesse ou par les charmes de l'esprit, ce qui leur manquait du côté de la naissance. Également bien accueilli partout, grâce à ses jolis vers et à son heureuse physionomie, il se fit beaucoup d'amis parmi les hommes et n'eut point à se plaindre des femmes. La vie qu'il menait alors, quoique sans scandale bruyant, ne laissait pas d'être assez peu édifiante pour un homme d'Église; mais jeune et fait pour plaire aux dames, il lui eût été bien difficile de résister aux attraits du plaisir; or, tout porte à croire qu'il plut beaucoup. Ce côté de sa vie est délicat à étudier; le mieux est de s'en rapporter à ses propres aveux sur ce sujet. Voici en quels termes sincères il a, sans fatuité, confessé lui-même ce qu'il appelle ses erreurs : « Les femmes ne me gâtèrent pas plus que les hommes. Je trouvai parmi elles beaucoup d'empressement et des préventions très favorables. Ce serait ici la place de mes erreurs; mais la peinture en serait plus dangereuse qu'utile.... Il y a du péril à se livrer à la sensibilité de son cœur. Heureux ceux qui n'éprouvent pas l'action de l'âme sur les sens et des sens sur l'âme! Il est bien difficile d'être jeune et d'être sage. Tout ce que je puis dire, c'est que dans ma jeunesse j'ai eu beaucoup de reproches à me faire comme chré-

tien, mais aucun comme honnête homme. J'ai fui la
mauvaise compagnie, et j'ai toujours eu en horreur le
libertinage. »

Le libertinage, 'soit ; mais pour la galanterie, on ne
saurait dissimuler qu'elle fut longtemps, très longtemps
même, le péché mignon de notre abbé. S'il faut en croire,
en effet, certains passages des « Mémoires de Casanova »
dont un excellent et érudit écrivain a récemment
démontré l'authenticité [1], Bernis, pendant le temps de
son ambassade à Venise, n'était nullement ennemi de ces
aimables bagatelles et il n'était pas loin alors de ses
quarante ans. Très honnête homme d'ailleurs, ce penchant au plaisir qu'il ne pouvait maîtriser, l'empêcha
d'entrer définitivement dans les ordres majeurs. Et
cependant, quelle tentation, quand le dévot Boyer lui
disait ces propres paroles : « Vous avez de grands
talents, il faut les consacrer à l'Église et y prendre les
derniers engagements. Monsieur, c'est de la part de
l'Église que je vous parle : sous-diacre, une abbaye,
prêtre, deux ans grand-vicaire et puis évêque. — Monseigneur, répondait Bernis, je ne vous conseille pas de
faire les mêmes propositions à tout le monde, vous seriez
accepté ; quant à moi, j'y ferai mes réflexions. — Monsieur, si vous ne prenez pas les ordres, vous n'aurez
rien. — J'y réfléchirai, monseigneur, je vous instruirai
de mes résolutions ; soyez sûr qu'elles seront conformes à
la religion et à la probité..... » — Il y avait de la gran-

I. Voir dans le Livre (janvier et février 1881), le très
intéressant travail de M. Armand Baschet : « Preuves cu-
rieuses de l'authenticité des mémoires de Jacques Casanova de
Seingalt, d'après des recherches en diverses archives. »

*deur et du désintéressement; on ne peut le nier, à décli-
ner ces offres brillantes de l'évêque de Mirepoix. Aussi
peut-on penser que lorsque Bernis se résigna à la prêtrise, il dut observer sérieusement les obligations de cet
état.*

*Dans l'hiver de 1745 commença la liaison de Louis XV
avec Jeanne-Antoinette Poisson, femme de Lenormand
d'Étioles, si connue sous le nom de marquise de Pompadour. La future favorite, qui devait avoir une si grande
influence sur la carrière de Bernis, n'était point une
inconnue pour lui. Parente de la comtesse d'Estrade,
Mme d'Étioles rencontrait souvent l'abbé dans la maison
de cette dernière; aimable et galant, il sut promptement
lui plaire et cette amitié ne fit que se fortifier quand la
jeune femme se transforma en favorite. Ce n'est pas que
Bernis n'eût éprouvé, du moins il le dit, une grande
répugnance à se prêter à cet arrangement; mais il con-
sulta les plus honnêtes gens et tous furent d'accord que
n'ayant contribué en rien à la passion du roi, il ne
devait pas se refuser à l'amitié d'une ancienne connais-
sance ni au bien qui pouvait résulter de ses conseils. Il
se détermina donc à continuer sa liaison avec la marquise; les madrigaux et les petits vers flatteurs qu'il
composa pour elle montrent assez combien il revint vite
de ses velléités d'indépendance et de vertueuse austérité.*

*Les premières années du règne de la favorite n'eurent
pas cependant pour Bernis de résultats bien fructueux.
Admis dans l'intimité de la marquise et peu à peu dans
celle de Louis XV, il était initié, sans titre officiel, à
bien des affaires et n'avait de crédit que pour les autres,
sans rien pouvoir obtenir pour lui-même. Les seuls*

avantages qu'il put acquérir furent d'abord de passer du chapitre de Brioude à celui de Lyon, dont l'accès était plus difficile encore, et, en 1749, sa nomination, par le pape Benoît XIV, à un petit bénéfice de Bretagne. Quant au roi, ne pouvant faire céder les résistances de M. de Mirepoix, il accorda au pauvre abbé, à l'instigation de Mme de Pompadour, d'abord une pension de 1.500 livres sur sa cassette, puis un modeste logement au Louvre, et ce fut tout.

Avec les années, Bernis voyait s'écouler sa jeunesse, il n'avait ni établissement ni revenus; la porte des gros bénéfices lui était fermée et la carrière des lettres, où il était entré plutôt en amateur qu'en écrivain, ne pouvait jamais être une ressource sérieuse. Il lui revenait en mémoire ces paroles de son ancien protecteur et ami, l'évêque de Lûçon : « Tant que vous serez jeune, vous supporterez aisément la situation où vous êtes. Vous êtes aimable, vous serez recherché; l'amour-propre et le plaisir vous tiendront lieu de tout; mais souvenez-vous que rien n'est plus triste ni plus humiliant à Paris que l'état d'un vieil abbé qui n'est pas riche. » — Pour le coup son ambition s'éveilla tout à fait et Bernis qui se serait fort bien contenté jadis d'une modeste rente de six mille livres, voyant qu'il ne pouvait parvenir à cette humble fortune, se promit d'en acquérir une énorme. Adieu donc les madrigaux et les jolis petits vers; ils lui ont acquis de la célébrité, c'était tout le bien qu'il en pouvait attendre. Désormais, composant son maintien et son visage, affectant une gravité qui dut lui peser beaucoup d'abord, il prit le ferme parti d'entrer dans les affaires, renonçant à tous les plaisirs, à tous les amusements et à tous les goûts qui ne s'accordaient pas avec elles ; s'instruisant à fond de tout ce qui pouvait lui donner quelque supériorité, il s'accoutuma dès lors à prendre l'esprit et les mœurs des étrangers, et se forma un plan pour vingt ans qu'il voulait consacrer au service du roi dans les cours étrangères. « Jusqu'à ce moment, dit-il, j'avais passé dans le monde pour un homme honnête et aimable, ayant beaucoup de talents, mais trop paresseux pour les employer utilement et trop dénué d'ambition pour jamais faire fortune. J'avertis mes amis intimes que dès que je serais nommé ambassadeur j'aurais dans le monde une réputation toute contraire et qu'on me supposerait l'ambition la plus vaste, avec l'art d'avoir su la cacher dix-sept ans sous le masque de la paresse et du dessouci. » — *Il ne se trompa point et grâce à sa flexibilité, à ses menées habiles ainsi qu'à l'influence de sa puissante amie, il obtint l'ambassade de Venise, le 31 octobre 1751.*

Enfin Bernis a fait le premier pas sur la route de la fortune ; sa carrière littéraire est finie et avec elle se termine notre tâche, le poète ayant fait place à l'homme d'État. Ne le quittons point cependant sans retracer sommairement, d'après les biographies, les faits principaux qui marquèrent les longues années qu'il avait encore à vivre.

« Pendant son séjour à Venise, où il prit enfin le sous-diaconat des mains du Patriarche, l'abbé de Bernis développa une sagacité, une pénétration, une solidité d'esprit qui furent très appréciées à la cour. Nommé conseiller d'État pendant son absence, il fut, à son retour (1755), proposé pour l'ambassade de Pologne, qu'il eut le flair d'éviter, puis pour celles de Madrid et

de Vienne, auxquelles il fut nommé, mais où il n'alla point. Entré définitivement au Conseil, il reçut, le 2 janvier 1757, le portefeuille des Affaires étrangères, après avoir négocié le fameux traité conclu, en 1756, entre le cabinet de Versailles et la cour de Vienne. Ce traité offensif et défensif, qui devait étouffer les divisions existantes depuis plus de deux cents ans entre la maison de France et celle d'Autriche, contrariait les intérêts de la Prusse, que Bernis voulait ménager, mais contre laquelle Mme de Pompadour s'était déclarée. Frédéric II se rejeta du côté de l'Angleterre et rompit avec la France; alors commença cette guerre célèbre par tant de vicissitudes et bientôt de grandes tribulations se mêlèrent aux faveurs accumulées jusque-là sur le ministre. La nation, après avoir applaudi au traité d'alliance, reprocha à Bernis les désastres qui l'avaient suivi, désastres sur lesquels, encore aujourd'hui, il reste bien des recherches à faire. Le roi de Prusse, qui versifiait même en perdant des batailles, avait écrit dans son épître VI au comte Gotter, sur les détails infinis du travail et de l'industrie humaine :

Je n'ai pas tout dépeint, la matière est immense,
Et je laisse à Bernis sa stérile abondance.

On supposa, contre toute vraisemblance de l'avis même de Voltaire, que l'abbé avait connu ce vers et que ç'avait été le motif qui lui avait fait conseiller à Versailles d'abandonner Frédéric, pour s'allier à l'impératrice. On affecta de croire que, trop sensible à ce trait, Bernis avait sacrifié l'intérêt de l'État à celui de son

amour-propre, et Turgot, homme honnête mais pas-
sionné, ne craignit point, dans une sanglante épigramme
anonyme, de s'écrier :

> Trois cent mille hommes égorgés,
> Bernis, est-ce assez de victimes?
> Et les mépris d'un roi pour vos petites rimes
> Vous semblent-ils assez vengés?

Cette odieuse imputation, heureusement, est réfutée
par le noble caractère du ministre et par Duclos, dont
la plume n'a jamais écrit une ligne de flatterie. Sacri-
fiant, en effet, les intérêts de sa fortune à ceux de son
pays, Bernis insistait pour la paix dans le conseil, ce
*qui lui aliéna M*me *de Pompadour. Il entreprenait en*
même temps de réformer la dépense de la maison royale,
ce qui ne lui aliéna pas moins la cour. Désespérant de
réussir, malade, accablé de travaux, il demanda à se
retirer ; cette grâce même lui fut refusée ; on voulait le
chasser ; cette détermination que Louis XV eut quelque
peine à prendre, était suggérée par l'irascible favorite,
dont la vanité bourgeoise, séduite par quelques préve-
nances de Marie-Thérèse, avait épousé et servait malgré
tout les intérêts de l'Autriche. Vers la fin de 1757,
Bernis, nommé cardinal par Clément XIII, reçut la
barrette des mains du roi ; moins d'un mois après, il
fut par une lettre fort dure écrite de la propre main de
Louis XV, exilé à son abbaye de Saint-Médard de Sois-
sons. Quand on réfléchit que par là il fut dispensé de
signer la paix honteuse qui termina, en 1763, la guerre
de Sept ans, on peut regarder encore cette disgrâce
comme une faveur de la fortune. Malgré sa bonté et sa

loyauté, Bernis ne manquait pas d'ennemis ; aussi sa promotion au cardinalat coïncidant avec sa chute du ministère ne manqua-t-elle point d'égayer les chansonniers qui s'écrièrent :

On dirait que Son Eminence
N'eut le chapeau de cardinal
Que pour tirer sa révérence.

Bien qu'il n'eût pas prévu toute l'étendue de sa disgrâce, Bernis la soutint avec dignité. Son exil dura jusqu'après la mort de Mme de Pompadour. Au bout de six ans, en 1764, sur la proposition du duc de Choiseul, son successeur, il fut nommé au siège archiépiscopal d'Alby. Il remplit ses fonctions avec beaucoup de zèle et, tout en veillant à l'administration de son diocèse, continua à correspondre avec les hommes de lettres et surtout avec Voltaire. En même temps il dictait à sa nièce, la marquise de Puy-Montbrun, ses Mémoires, dont la rédaction se trouva interrompue par le conclave de 1769, à la mort de Clément XIII. Nommé ambassadeur à Rome, il justifia la confiance du roi et donna de nouvelles preuves de son habileté dans ce conclave et dans celui qui suivit, en 1774, la mort de Clément XIV (Ganganelli) ; comme ambassadeur et comme membre du Sacré-Collège, il contribua puissamment à la destruction des Jésuites, prononcée par ce dernier pape. Bernis, qui fut aussi honoré du titre de Protecteur des églises de France et pourvu de l'évêché d'Albano, a laissé dans Rome un grand souvenir ; on peut dire qu'il y régna. Jamais ambassadeur n'a mieux représenté son

souverain. Sa magnificence et ses grandes manières éle-
vèrent le palais de France au-dessus de toutes les maisons romaines et étrangères ; comme pour excuser un
peu cette grandeur de représentation, il disait lui-même :
« Je tiens l'auberge de France dans un carrefour de
l'Europe. » Mais, rien de durable ici-bas! Après avoir
été, pendant vingt-deux ans, ouvert à tous les plaisirs, ce
palais devint le séjour de l'infortune et le refuge du
malheur. En 1791, Mesdames de France, filles de
Louis XV, étant allées chercher à Rome la sécurité
qu'elles n'avaient plus en France, le cardinal les
accueillit et les traita avec tous les égards dus à leur
rang, jusqu'à l'époque de leur départ pour Trieste.

Lui-même, par suite des décrets de l'Assemblée consti-
tuante, se vit coup sur coup destitué de son ambassade,
dépouillé de ses bénéfices et privé de son archevêché, sur
son refus de prêter le serment exigé des ecclésiastiques :
en quelques jours il perdit tous ses revenus qui s'élevaient,
dit-on, à près de 400,000 livres. Ces revers n'altérèrent
point sa fermeté. « A soixante-seize ans révolus, dit-il,
on ne doit pas craindre la misère, mais bien de ne pas
remplir exactement ses devoirs. » Le cardinal de
Bernis aurait terminé sa carrière dans un dénûment
pareil à celui où il était quand il la commença, sans la
généreuse intervention d'un ami, le chevalier d'Azara,
qui lui fit obtenir une pension de la cour d'Espagne.
Bernis échappa donc à la détresse, mais non pas aux
chagrins ; il mourut le 2 novembre 1794, âgé de
soixante-dix-neuf ans. « Heureux pourtant et favo-
risé jusqu'à la fin, dit avec raison M. Sainte-Beuve,
puisqu'il lui fut donné, par ses derniers sacrifices, de

pouvoir racheter et expier en quelque sorte les mollesses de ses débuts, de confesser une religion de pauvreté par un coin d'adversité salutaire, et de prouver qu'il y avait en lui, sous ces formes tour à tour aimables et dignes, un fonds sincère de générosité humaine et chrétienne! »

FERNAND DRUJON.

Gaujean sc.

LES

QUATRE PARTIES

DU JOUR

LES

QUATRE PARTIES

DU JOUR[1]

J E chante le palais des heures,
Où trente portes de vermeil
Condüisent aux douze demeures
Qu'éclaire le char du soleil.
Toujours nouveau, toujours semblable,
Mobile, incertain et constant,
Le Temps, d'une aile infatigable,
Parcourt ce palais éclatant.
Arrête, vieillard indocile :

---

1. La première édition de ce poème fut publiée, sous ce
titre : *le Palais des heures* ou *les Quatre points du jour.*
A Amsterdam, chez J.-H. Schneider, 1760, petit in-8°.

L'Amour, en faveur des amants,
Annonce un jour pur et tranquille
Dont il veut remplir les moments;
Pour embellir cette journée
Les saisons offrent leurs couleurs;
Flore, de jasmin couronnée,
Prépare une moisson de fleurs.
Beaux jours, naissez; et vous, Délie,
Digne élève d'Anacréon,
Lisez ces vers que la folie
Fit pour amuser la raison.

LE MATIN

ARIANE ET BACCHUS

DES nuits l'inégale courrière
S'éloigne et pâlit à nos yeux ;
Chaque astre au bout de sa carrière
Semble se perdre dans les cieux.
Des bords habités par le More
Déjà les heures de retour
Ouvrent lentement à l'Aurore
Les portes du palais du jour.
Quelle fraîcheur ! l'air qu'on respire
Est le souffle délicieux
De la volupté qui soupire.
Au sein du plus jeune des dieux.
Déjà la colombe amoureuse
Vole du chêne sur l'ormeau ;
L'Amour cent fois la rend heureuse
Sans quitter le même rameau.
Triton sur la mer aplanie.

Promène sa conque d'azur;
Et la nature rajeunie
Exhale l'ambre le plus pur.
Au bruit des faunes qui se jouent
Sur le bord tranquille des eaux,
Les chastes naïades dénouent
Leurs cheveux tressés de roseaux.
Dieux! qu'une pudeur ingénue
Donne de lustre à la beauté!
L'embarras de paroître nue
Fait l'attrait de la nudité.
Le flambeau du jour se rallume,
Le bruit renaît dans les hameaux,
Et l'on entend gémir l'enclume
Sous les coups fréquents des marteaux:
Le règne du travail commence.
Monté sur le trône des airs,
Éclaire ton empire immense,
Soleil; annonce l'abondance
Et les plaisirs à l'univers.
Vengeur d'Ariane éplorée,
Vainqueur de l'Inde et des Titans,
De sa douleur immodérée
Calme les transports éclatants.
Qu'elle abandonne le rivage
Où tout lui retrace l'image
D'un amant qu'elle appelle en vain.
Plaisirs cachés sous cet ombrage,
Aimables enfants du matin,
Ris, enjoûment, jeux, badinage,
Annoncez votre souverain.

Thésée a laissé sans défense.
Un cœur qu'il blessa de ses traits ;
Dieu du vin, punissez l'offense,
Et consolez par vos bienfaits
L'amour trahi par l'inconstance.
Que le dépit d'intelligence
S'unisse aux plus tendres désirs ;
Que le flambeau de la vengeance
Soit allumé par les plaisirs.
Dieux ! le succès suit l'espérance ;
Aux yeux de son charmant vainqueur,
La jeune Ariane confuse
Éprouve une douce langueur.
Ingrat Thésée, elle t'accuse
Du feu qui s'allume en son cœur.
Déjà ses yeux baignés de larmes
Demandent vengeance à Bacchus :
Des yeux en pleurs ont trop de charmes
Pour craindre l'affront d'un refus.
Aux pieds de sa foible maîtresse,
Bacchus, enivré de tendresse,
Se jette avec emportement
Sur le trait charmant qui le blesse.
Abandonnée au sentiment,
L'amante avec moins de foiblesse
Résiste encore à son amant.
Cette rigueur involontaire
Le consume d'un nouveau feu ;
L'effort qu'elle fait pour se taire
Augmente le prix de l'aveu.
Elle voudroit briser encore

Le trait dont son cœur est atteint :
Un baiser du dieu qu'elle adore .
Rougit l'albâtre de son teint.
C'est vainement qu'elle en murmure,
Son rouge a trahi ses désirs,
Rouge charmant que la nature
Pétrit par la main des plaisirs.
Quel triste élève de la Grèce
Pourroit, en voyant sa beauté,
Préférer les lis de Lucrèce
Et les pâleurs de la sagesse
Aux roses de la volupté ?
C'en est fait ; les gazons renaissent,
Les fleurs s'élèvent alentour ;
Émules du dieu de l'amour,
Les zéphyrs en l'air se caressent ;
Et les nuages qui s'abaissent.
S'opposent aux rayons du jour.

LE MIDI

ALPHÉE ET ARÉTHUSE.

CE grand astre dont la lumière
Enflamme la voûte des cieux
Semble, au milieu de sa carrière,
Suspendre son cours glorieux.
Fier d'être le flambeau du monde,
Il contemple du haut des airs
L'Olympe, la terre et les mers,
Remplis de sa clarté féconde;
Et jusques au fond des enfers
Il fait rentrer la nuit profonde
Qui lui disputoit l'univers.
Toute la nature en silence
Attend que le dieu de Délos
De son char lumineux s'élance
Dans l'humide séjour des flots.
Tandis que des géants horribles,
Qu'un bras immortel enchaîna,
Embrasent de leurs feux terribles

Les monts de Vésuve et d'Etna,
Lassés de leurs fardeaux énormes,
Les Cyclopes à demi nus
Reposent leurs têtes difformes
Sur leurs travaux interrompus.
Le dieu de l'Inde et de la tonne,
Couronné de feuillages verts,
Jouit des dons que les hivers
Offrent en tribut à l'automne.
Déjà le champagne glacé
Dans le verre éclate et bouillonne ;
Déjà Silène terrassé
Au dieu des songes s'abandonne ;
Bacchus s'enivre, Amour l'ordonne ;
Et dans le vin qu'ils ont versé
Bacchus voit tomber sa couronne,
Amour son flambeau renversé.
Au fond d'une grotte profonde
Aréthuse fuit les chaleurs ;
Le doux sommeil, au bruit de l'onde,
Vole sur un tapis de fleurs.
La nymphe combat et succombe :
Déjà ses yeux moins animés
Languissent à demi fermés ;
Elle s'endort, son urne tombe,
Plus de voile pour ses appas ;
Tout est confondu par Morphée.
Volez, Amour ; volez, Alphée ;
Et vous, sommeil, ne fuyez pas.
Alphée approche, Alphée admire :
Quoi ! dit-il, serois-je vainqueur ?

Elle dort, elle qui déchire
Un cœur soumis, un tendre cœur
Qu'elle méprise et qu'elle attire !
Elle dort ! O dieux, pardonnez
Au transport naissant qui m'anime ;
Cruels, si vous le condamnez,
Si j'en dois être la victime,
Ne punissez qu'après le crime ;
Servez mon ardeur, et tonnez.
Il dit : l'amour est son excuse.
Déjà tous ses flots enflammés
Ont couvert l'urne d'Aréthuse
Des feux dont ils sont animés.
L'onde de la nymphe rebelle
Résiste à leurs efforts heureux ;
En résistant elle se mêle
Et se précipite avec eux.
Enfin, de cette urne charmante,
En un instant, mais pour toujours,
Les flots de l'amant, de l'amante,
Vont prendre et suivre un même cours.
Aréthuse sommeille encore ;
Un dieu caché sous les roseaux
Du feu que la naïade ignore
Échauffe autour d'elle les eaux.
Elle s'éveille, elle soupire,
Mais sans colère et sans douleur :
Peut-on se plaindre d'un malheur
Qu'au fond de son cœur on désire ?

LE SOIR

DIANE ET ENDYMION

L E dieu qui brûloit les campagnes
　　Se dérobe enfin à nos yeux;
Il fuit, et son char radieux
Ne dore plus que les montagnes.
Déjà, par sa voix avertis,
Ses coursiers vigoureux s'agitent;
Leurs crins se dressent, ils s'irritent,
Et doublent leurs pas ralentis;
Ils volent et se précipitent
Au fond du palais de Thétis.
Le front couronné d'amarantes,
Les nymphes sortent des forêts;
Un air plus doux, un vent plus frais,
Raniment les roses mourantes;
Et, descendant du haut des monts,
Les bergères plus vigilantes
Rassemblent leurs brebis bêlantes
Qui s'égaroient dans les vallons.

Voyez, dans ce bassin rustique,
Un ruisseau fuir et bouillonner;
Admirez ce palmier antique,
Qui, né sur le bord aquatique,
Se courbe pour le couronner.
Oui, ces gazons, cette onde pure,
Cette ombre qui succède au jour,
Cette fraîcheur et ce murmure,
Sont les pièges que la nature
Nous tend en faveur de l'Amour.
Éloignez-vous, chaste immortelle,
Fuyez l'aspect de ce beau lieu;
Sous ce palmier, un jeune dieu
Ouvre les bras et vous appelle.
Que nos efforts sont impuissants
Quand la nature nous inspire!
Le cœur emporté par les sens
S'attache à l'objet qui l'attire.
Pleine d'un amoureux délire,
Diane approche du bassin :
Emporte, dit-elle à Zéphire,
Ce voile étendu sur mon sein.
Il en reste un qu'Amour déchire,
Et l'immortelle est dans le bain.
Endymion, caché sous l'ombre
Des myrtes semés à l'entour,
Attend dans leur retraite sombre
Le signal qu'a promis l'Amour.
Penché sur le bain de Diane,
D'un œil curieux et profane
Il perce l'humide élément :

A travers l'onde diaphane
Il voit, mais il voit en amant,
Naître le doux saisissement
Que la pudeur en vain condamne
Quand on le doit au sentiment.
Poursuis dans l'onde la déesse,
S'écrie Amour : que la tendresse
Change en plaisirs tous ses remords
Ménage si bien sa foiblesse,
Qu'elle se livre à tes transports
Sans croire offenser la sagesse.
Il dit : Endymion s'élance
Aux genoux de la déité ;
Surprise, elle fuit en silence
Le dieu dont il est agité.
Arrêtez, dit-il ; je vous aime ;
Ce mot me rend digne de vous ;
A ce mot votre rang suprême
Doit se partager entre nous.
Je vous vois, je vois tous vos charmes,
Je les compte par mes désirs ;
Mes yeux se remplissent de larmes
Que leur font verser les plaisirs.
O doux moments ! je vous ai vue,
Je touche à l'immortalité ;
Je vous revois, vous êtes nue,
J'ai part à la divinité.
Arrêtez. Diane confuse
En fuyant tombe dans ses bras ;
Il la retient : quel embarras !
La gloire veut qu'elle refuse ;

Le tendre amour ne le veut pas.
Laisse-moi, berger, lui dit-elle,
Tes transports me font trop souffrir;
Es-tu content? je suis mortelle,
L'Amour me permet de mourir;
Prends mon char, conduis-lé toi-même;
Brille en ma place dans les airs,
Amour; laisse-moi ce que j'aime,
Je t'abandonne l'univers.
Elle dit : les airs s'embellirent,
Les bords des ruisseaux retentirent
Du frémissement des zéphyrs;
L'écho répéta les soupirs;
Et les naïades applaudirent
Aux cris redoublés des plaisirs.

LA NUIT

LÉANDRE ET HÉRO

L ES ombres, du haut des montagnes,
Se répandent sur les coteaux;
On voit fumer dans les campagnes
Les toits rustiques des hameaux;
Sous la cabane solitaire
De Philémon et de Baucis
Brûle une lampe héréditaire,
Dont la flamme incertaine éclaire
La table où les dieux sont assis.
Errant sur des tapis de mousse,
Le ver qui réfléchit le jour
Remplit d'une lumière douce
Tous les arbustes d'alentour.
Le front tout couronné d'étoiles,
La nuit s'avance lentement,
Et l'obscurité de ses voiles
Brunit l'azur du firmament;
Les songes traînent en silence

Son char parsemé de saphirs ;
L'Amour dans les airs se balance
Sur l'aile humide des zéphyrs.
O toi, si longtemps redoutée,
Déesse paisible des airs,
O Lune, embellis l'univers,
Et de ta lumière argentée
Blanchis la surface des mers :
L'Amour implore ta puissance.
Triste, victime de l'absence,
Léandre, aimé sans être heureux,
Frémit de la barrière immense
Que Neptune oppose à ses vœux.
Mais que la fortune trahisse
L'indigne amant qui réfléchit !
Sans connoître le précipice,
Léandre y vole et le franchit.
En vain sur les plaines humides
Il touche, en étendant les bras,
Le sein des jeunes néréides,
Et s'égare sur leurs appas ;
En vain cent beautés ingénues
S'élèvent au milieu des flots :
Toujours moins homme que héros,
Il fuit les belles éperdues,
Qui, par leur mollesse étendues,
Chantent les hymnes de Paphos.
La jeune Doris, plus pressante
Et plus sensible à ses refus,
Lui tend, d'une main caressante,
Un piège inventé par Vénus.

2

Cent fois la naïade échappée
S'attache à son sein embrasé :
S'il plonge, il baise une napée;
S'il se renverse, il est baisé.
Efforts dangereux d'une belle,
L'Amour peut vous rendre impuissants,
Et le cœur d'un amant fidèle
Échappe aux prestiges des sens.
Léandre a vaincu la nature;
Un dieu l'éclaire et le conduit
Aux portes d'une tour obscure
Où la volupté l'introduit.
Héro sur un tapis sommeille,
Un songe assis sur ses genoux;
L'instinct de l'amour la réveille :
O mon cher Léandre, est-ce vous?
Quoi ! tant d'écueils !.. Sa voix expire,
Et le silence le plus doux
Donne le signal au délire :
Ce dieu lève un voile jaloux,
Et de la pudeur qui soupire
Excite et calme le courroux.
Héro du vainqueur qui la presse
Irrite les tendres efforts;
En résistant à son ivresse
Elle en augmente les transports.
Sévère, et même un peu farouche,
Quand elle refuse un baiser
Son âme vole sur sa bouche
Honteuse de le refuser.
Léandre brûle, Héro désire;

La volupté qui les inspire
Brille tour à tour dans leurs yeux :
Mais quel bonheur et quel martyre !
Et quel tourment délicieux !
Tourment envié par les dieux !
Héro l'éprouve, Héro pâmée
Lève au ciel des yeux languissants ;
Un cri de sa bouche enflammée
Prouve qu'à peine elle a quinze ans.
A ce cri les Amours répondent,
La Lune jalouse pâlit,
Le jour renait, l'air s'embellit,
Et tous les plaisirs se confondent.
Qu'ainsi puisse couler toujours
L'été rapide de nos jours !
Rions des préceptes sauvages
Et de nos censeurs rigoureux ;
Nous serons toujours assez sages
Si nous sommes souvent heureux.

LES

QUATRE SAISONS

OU

LES GÉORGIQUES FRANÇOISES

POÈME

LES
QUATRE SAISONS[1]

OU

LES GÉORGIQUES FRANÇOISES

LE PRINTEMPS

CHANT PREMIER

J'AI chanté les heures du jour :
Je chante aujourd'hui le retour
Et le partage de l'année.
Flore, que ta main fortunée
Présente l'ouvrage à l'Amour.

1. Ce poème a été imprimé pour la première fois à Paris,
en 1763, in-8°.

Dans les antres de la Scythie
Vertumne, vainqueur des hivers,
Vient de remettre dans les fers
Les fougueux enfants d'Orithye.
En vain leurs affreux sifflements
Nous déclarent encor la guerre;
En vain, dans leurs soulèvements,
Ils ébranlent les fondements
De la prison qui les resserre :
Le printemps a sauvé la terre
De leurs cruels emportements.
  Le fils d'Éole et de l'Aurore,
Zéphire, enfin est de retour;
Ses transports ont réveillé Flore;
Et les fleurs qui n'osoient éclore
S'ouvrent aux feux de leur amour :
La nuit cède au jour son empire;
L'hiver s'enfuit au fond du nord;
Et la nature qui respire
Sort des ténèbres de la mort.
Immobile au centre du monde,
Le soleil, que nous revoyons,
Orne sa tête des rayons
Qui rendent la terre féconde.
Déjà des lacs les plus profonds
Ses feux ont fondu la surface;
On voit tomber du haut des monts
Des monceaux de neige et de glace
Qui fertilisent les vallons;
Les rochers découvrent leur cime,
Dodone lève un front sublime

Que respectent les aquilons;
Et, de l'hiver tendre victime,
Cérès, du sein de nos sillons,
Sourit au dieu qui la ranime.
  Dans sa cabane confiné,
Le berger, au pied des montagnes,
Célèbre le mois fortuné
Qui vient embellir les campagnes;
Tout renaît, tout brille à ses yeux;
Les arbres se courbent en voûte;
L'onde, plus pure dans sa route,
Réfléchit l'image des cieux.
Content, il se lève, il s'écrie;
Et tandis que la bergerie
Se réveille et s'ouvre à sa voix,
Le troupeau, marchant sous ses lois,
Bondit déjà dans la prairie.
  Arbres dépouillés si longtemps,
Couronnez vos têtes naissantes,
Et de vos fleurs éblouissantes
Parez le trône du printemps.
Élevez vos pampres superbes
Sur le faîte de ces ormeaux,
Vignes, étendez vos rameaux;
Jasmins, sortez du sein des herbes;
Montez, ombragez ces berceaux;
Et vous, aimables arbrisseaux,
Lilas, croissez, tombez en gerbes,
Ornez ces portiques nouveaux.
Que l'air se parfume et s'épure;
Que l'onde jaillisse et murmure;

Que rien ne trouble un si beau jour;
Que les bois, les fleurs, la verdure,
Fassent de toute la nature
Un temple digne de l'Amour.
Sur un nuage de rosée
Vénus descend du haut des cieux,
Et la terre fertilisée
S'enivre du nectar des dieux.
Au retour de cette immortelle
Tout germe, s'enflamme et s'unit;
De l'univers qui rajeunit
L'hymen heureux se renouvelle.
L'air s'embrase de nouveaux feux;
Les bois confondent leurs feuillages;
Les mers embrassent leurs rivages,
Et le soleil plus lumineux
Se joue à travers les nuages.
O Vénus, qui peut résister
A la douceur de ton empire?
O Vénus, qui peut éviter
Le piège où ta voix nous attire?
Au sein des rochers les plus durs
Ta chaleur active et puissante
Force la terre languissante
D'enfanter des métaux plus purs.
L'Amour, par des routes certaines,
Pénètre dans tous les ressorts,
Circule dans toutes les veines,
Donne la vie à tous les corps;
Il fend les airs, nage dans l'onde;
Et la terre, qu'il rend féconde,

Dans ses bras aime à respirer :
Ce dieu charmant enseigne au monde
Le secret de se réparer.
Sortez, indolents Sybarites,
Du cercle étroit de vos plaisirs ;
Osez étendre les limites
Où se renferment vos désirs ;
Abandonnez les faux spectacles
Qu'admirent la ville et la cour,
Pour jouir en paix des miracles
De la nature et de l'amour.
Venez sous nos berceaux rustiques
Délasser vos cœurs languissants
Des voluptés périodiques
Dont le retour glace vos sens.
Renaissez avec la nature,
Et dans ses dons multipliés
Goûtez sans trouble et sans mesure
Des plaisirs purs et variés.
L'oiseau qu'une superbe cage
Captivoit sous un toit doré
A supporté son esclavage
Tant que les frimas ont duré ;
Mais après leur règne funeste,
Le bélier, propice aux amours,
Vient d'ouvrir l'empire céleste.
A la déesse des beaux jours :
L'oiseau captif qui voit renaître
Les fleurs du jardin de son maître,
Qui, sous des myrtes amoureux,
Entend là musique champêtre

Des autres oiseaux plus heureux,
Resserré dans un palais vaste,
Brûle de traverser les airs
Et regrette, au milieu du faste,
L'ombre des bois et des déserts.
Ces beaux vases de porcelaine
Sont-ils remplis de la même eau
Dont il boiroit dans ce ruisseau
Qui fait fleurir toute la plaine ?
L'aiguillon de la liberté,
L'aspect riant de la campagne,
L'Amour enfin qui l'a flatté
De lui donner une compagne,
Tout l'irrite contre ses fers,
Tout le détrompe et le détache
Des faux biens qui lui sont offerts :
Sa prison s'ouvre, il s'en arrache,
L'Amour le rend à l'univers.

    Le lac [1], le vernis, la dorure,
Ont assez ébloui mes yeux ;
J'aime mieux la simple parure
De ce coteau délicieux.
Mon Louvre est sous ces belles tonnes,
Un bois est le temple où j'écris,
Des arbres en sont les colonnes,
Et des feuillages les lambris.

---

1. *Laque* ou *lacque*. On appelle ainsi ce beau vernis de la Chine et les meubles ou vases qui en sont revêtus. C'est sans doute par une licence poétique que l'auteur a écrit *lac*, qu'il ne faut pas confondre ici avec le même mot qui désigne une étendue d'eau.

Les arts, ces esclaves serviles
De nos désirs efféminés,
Transportent le luxe des villes
Au milieu des champs étonnés.
Nos yeux, qu'un vain charme fascine,
Sont plus surpris que satisfaits;
On quitte les jardins d'Alcine
Pour ceux que la nature a faits.
Pourquoi, dans nos maisons champêtres,
Emprisonner ces clairs ruisseaux,
Et forcer l'orgueil de ces hêtres
A subir le joug des berceaux?
Qu'on vante ailleurs l'architecture
De ces treillages éclatants :
Pourquoi contraindre la nature?
Laissons respirer le printemps.
Quelle étonnante barbarie
D'asservir la variété
Au cordeau de la symétrie,
De polir la rusticité
D'un bois fait pour la rêverie,
Et d'orner la simplicité
De cette riante prairie !
Le plaisir qui change et varie,
Adore la diversité.
O toi, commentateur suprême,
Qui définis la volupté,
Qui fais du plaisir un système,
Et de l'amour un froid traité;
Calculateur infatigable,
Dont la méthode insupportable ...

Dessèche en nous le sentiment,
Laisse reposer un moment
Ton syllogisme inattaquable
Et ton invincible argument :
Un instant de folie aimable
Vaut mieux qu'un bon raisonnement.

Vénus et Flore nous rappellent;
Gardons la raison pour l'hiver;
Respirons le baume de l'air;
Et que nos sens se renouvellent.

Voyons ces taureaux mugissants
Poursuivre Io dans les prairies;
Voyons ces troupeaux bondissants
Donner, par leurs jeux innocents,
Aux bergères des rêveries,
Aux bergers des désirs pressants.

Ocyroé dans les campagnes
Enflamme par ses fiers regards
Le coursier, amant des hasards;
Elle l'enlève à ses compagnes;
Et s'élançant, les crins épars,
Tous deux, au sommet des montagnes,
Offrent leur hymen au dieu Mars.

Plus loin, dans ces forêts sauvages,
Les lions rugissent d'amour,
Tandis que les ramiers volages
Viennent soupirer alentour;
Le fier dragon et le reptile,
L'insatiable crocodile,
L'oiseau que révère Memphis,
Le dromadaire des sofis,

Les monstres craintifs ou féroces
Qui peuplent le sein de Thétis,
Tous forment des nœuds assortis,
Et l'amour préside à leurs noces.
Régnez sur les flots aplanis,
Alcyons, déployez vos ailes;
Les vents respecteront vos nids,
Et les flots vous seront fidèles.
Vous qui dans l'humide séjour
Cachez vos brillants coquillages,
Vénus nous appelle en ce jour;
Formez de nouveaux mariages,
Et que les perles soient les gages
Que l'hymen présente à l'amour.
Déjà sous l'épine fleurie
Philomèle exerce sa voix;
Progné voltige autour des toits;
L'oiseau de Vénus se marie,
Et la tourterelle attendrie
Gémit d'amour au fond des bois.
Le castor, amant des rivages,
Trace le plan de sa maison;
Les abeilles, encor plus sages,
Dans le creux des rochers sauvages
Élèvent l'utile cloison
Qui sépare leurs héritages.
Le vermisseau, sous le gazon,
Lui-même devient architecte,
Et les ouvrages de l'insecte
Étonnent la fière raison.
Le monde à nos yeux va renaître;

Et tous les êtres dans ce jour,
En rendant hommage à l'Amour,
Soulagent l'ennui de leur être.
Peuplez les divers éléments,
Insectes, à qui la nature
Accorda si peu de moments :
Vengez-vous d'une loi si dure;
Naissez, vivez, mourez amants.
Qu'importe, au bout de la carrière,
Qu'un seul instant délicieux
Ait rempli votre vie entière,
Si le plaisir, qui fait les dieux,
Vous anima dans la poussière?
Hermaphrodites fortunés,
Pour vous l'amour sans jalousie
Suit les lois que vous lui donnez;
Aimez à votre fantaisie;
Quittez cent fois et reprenez
Les deux rôles de Tirésie.
Image d'un jeune arbrisseau,
Inconcevable vermisseau,
Soyez à jamais un problème;
Tout entier dans chaque rameau,
Renaissez semblable et nouveau,
Et, par une faveur suprême,
Trompez la mort sous le ciseau
Qui vous sépare de vous-même.
Oh! que l'homme, si dédaigneux,
Lui qui foule d'un pied superbe
Les insectes cachés sous l'herbe,
Perdroit de son faste orgueilleux,

S'il savoit quand il les écrase,
Que, moins gênés dans leurs désirs,
Leurs cœurs, qu'un même amour embrase,
Sont toujours neufs pour les plaisirs !
 Telles sont les vives images
 Que le printemps offre à nos yeux.
Les saisons ressemblent aux âges :
Dans leurs rapports mystérieux
 La main invisible des dieux
 Cache des conseils pour les sages.
 Le Printemps, couronné de fleurs,
Pare l'Amour qui le caresse ;
L'Été mûrit par ses chaleurs
Les dons brillants de la jeunesse ;
L'Automne, un panier à la main,
Cueille les fruits qu'elle colore ;
L'Hiver à l'instant les dévore ;
Mais il conserve dans son sein
L'espoir de Cérès et de Flore.
Ainsi l'on peut toujours saisir
Les moments heureux qui s'envolent.
Fuyons les dangers du loisir ;
Le travail ajoute au plaisir,
Et l'un et l'autre nous consolent.
Aujourd'hui les fleurs des buissons
Parfument le sein des bergères ;
Avec des fleurs et des chansons
Achetons leurs faveurs légères.
L'été s'approche, jouissons :
Ces nuages chargés de neige,
Qu'au midi d'un jour radieux

Les aquilons séditieux
Souffloient du fond de la Norvège,
N'assiègent plus l'astre des cieux.
Le soleil pénètre la terre,
Et pompe jusque dans ses flancs
Les esprits, les germes brillants
Dont va se former le tonnerre.
Déjà l'étoile de Vénus
Annonce les belles soirées ;
Déjà les faunes revenus
Cherchent les nymphes égarées.
Zéphire d'un souffle épuré
Ride la surface de l'onde ;
La Nuit, de son trône azuré,
Répand ses pavots sur le monde ;
Et son char, d'Amours entouré,
Roule dans une paix profonde.

Dans les nuits brillantes de mai,
Le sylphe, amoureux des mortelles,
Vient chercher parmi les plus belles
Un cœur qui n'ait jamais aimé :
Aidé de ses ailes légères,
Il descend, invisible aux yeux,
Sur ces étoiles passagères
Qu'on voit tomber du haut des cieux.
Roi des peuples élémentaires,
Il vole avec timidité
Dans ces châteaux héréditaires
Où l'ignorance et la fierté
Captivent sous des lois austères
Et la jeunesse et la beauté.

Le scrupule et l'inquiétude,
Enfants craintifs des passions,
La peur et ses illusions,
Veillent dans cette solitude.
L'amoureux habitant des airs,
Indigné contre la clôture,
Voltige et perce la serrure :
Sans bruit les rideaux sont ouverts :
Un enfant aimable et pervers
Enlève aux Grâces leur ceinture ;
Pudeur, jeunesse, amour, nature,
Tous vos secrets sont découverts.
Déjà d'une beauté naissante
Le sylphe interroge le cœur,
Sa main timide et caressante
Cherche les traces d'un vainqueur ;
L'épreuve est douce et dangereuse :
Si la belle a connu l'amour,
Il l'abandonne sans retour
Au hasard d'être malheureuse ;
Mais si le cœur qu'il a sondé
A toujours sagement gardé
Le foible sceau de l'innocence,
Alors le génie amoureux
Exerce toute sa puissance
Sur un cœur digne de ses feux.
De la beauté qu'il a jugée
Il devient l'invisible époux ;
Dans les bras du sommeil plongée,
Elle va, sans être outragée,
Jouir des plaisirs les plus doux.

Un essaim fortuné de songes
Sert les vœux du sylphe enchanté;
Les charmes de la vérité
Percent à travers leurs mensonges.
   Bientôt sur un trône argenté
Le prince aimable des génies
Transporte la jeune beauté
Dans les régions infinies
De son empire illimité.
Émue, inquiète et charmée,
Elle jouit rapidement
Du plaisir d'avoir un amant
Et du bonheur d'en être aimée.
L'Amour, par un charme flatteur,
Soutient dans les airs son courage;
Elle ose admirer la hauteur
Des vastes cieux qu'elle envisage;
Les grâces de son conducteur
Cachent le danger du voyage;
Son œil, avec sécurité,
Du zodiaque redouté
Contemple les signes funestes;
Sa main, avec témérité,
Mesure les cercles célestes.
Ces grands objets la touchent peu;
L'air, au mépris des Zoroastres,
N'est pour elle qu'un voile bleu;
Rien ne la frappe dans les astres;
Sur la terre elle a vu du feu.
Déjà son oreille murmure
Contre les célestes accords :

Une voix secrète l'assure
Qu'il faut chercher dans la nature
Ses plaisirs plus que ses ressorts.
Un gazon frais, une fontaine,
Un arbre qui cache le jour,
Tel est l'asile que l'Amour
Préfère à la céleste plaine.
A peine a-t-elle désiré,
Que le char brillant qui la mène
S'arrête sous l'ombre incertaine
D'un bois par un fleuve entouré.
A l'instant les buissons fleurissent,
La vigne embrasse les ormeaux.
Les palmiers amoureux s'unissent,
L'air est peuplé de mille oiseaux.
C'en est fait, la jeune sylphide
S'enivre du bonheur des dieux.
Mais le soleil brille à ses yeux;
Le songe fuit d'un vol rapide,
Et le sylphe remonte aux cieux.

L'ÉTÉ

S OLEIL, c'est aujourd'hui ta fête ;
L'été, chargé de blonds épis,
Étale ses riches habits
Et fait rayonner sur sa tête
L'or, les saphirs et les rubis.
Lève-toi, répands la lumière.
Brille, triomphe à tous les yeux ;
Poursuis la nuit dans sa carrière,
Et chasse du trône des cieux
Sa pâle et tremblante courrière.
Sur le sommet inhabité
Des montagnes les plus sauvages
Déjà les disciples des mages
Chantent le retour de l'été.
Abattu, triste et solitaire,
Dans les jardins qu'il embellit,
Le Printemps soupire et pâlit
En voyant l'éclat de son frère.

Clytie, ouvrez vos feuilles d'or ;
L'amant dont vous pleurez l'absence
Vient ranimer par sa présence.
Les feux dont vous brûlez encor.
Malheureux sang de Montézume,
Filles du soleil, accourez ;
C'est pour vous que son feu s'allume :
Sa vue adoucit l'amertume
Des larmes que vous dévorez.
Votre âme orgueilleuse respire
Devant le roi du firmament ;
Sa gloire, que la terre admire,
Vous console pour un moment
De la chute de votre empire.
Il paroît, l'Olympe rougit,
Le front des montagnes se dore ;
Le lion céleste rugit
En voyant l'astre qu'il adore :
Il paroît, ses rayons épars
Couvrent la face des campagnes,
Le premier feu de ses regards
Attire au plus haut des montagnes
La froide vapeur des brouillards.
A l'instant la terre embrasée
Par son éclat vif et charmant
Donne le feu du diamant
A chaque goutte de rosée.
Fidèle amante du soleil,
De fleurs, de perles couronnée,
La nature sort du sommeil
Comme une épouse fortunée

Dont l'amour hâte le réveil.
Vers l'astre bienfaisant du monde
Elle étend ses bras amoureux;
Il brille, et l'ardeur de ses feux
La rend plus belle et plus féconde.
Tandis qu'au sommet d'une tour.
Le paon fait reluire au grand jour
L'azur de ses plumes nouvelles,
L'oiseau de la mère d'Amour
Épure l'argent de ses ailes.
Tout brûle des feux de l'été;
Le froid serpent caché sous l'herbe
S'éveille et dresse avec fierté
La crête de son front superbe;
Son corps en replis ondoyants
Roule, circule, s'entrelace;
Ses yeux pleins d'ardeur et d'audace
S'arment de regards foudroyants;
Bientôt, levant sa tête altière.
Vers l'astre qui l'a ranimé,
Il s'élance de la poussière
Et fait briller à la lumière
Son aiguillon envenimé.
Foibles mortels que le jour blesse,
Eveillez-vous, ouvrez les yeux;
Le soleil embrasant les cieux
S'indigne de votre mollesse.
    Que devient l'homme quand il dort?
Emporté sur l'aile des songes,
Il vole aux pays des mensonges,
Il touche aux rives de la mort.

Envisagez ce globe immense,
Image des dieux qui l'ont fait ;
La flamme nourrit sa substance,
Ses feux répandent l'abondance,
Chaque rayon est un bienfait.
Au sein des plus profonds abîmes
Il enfante ces purs métaux
Tristes auteurs de tous les maux,
Pères féconds de tous les crimes,
Mais qui, sagement répandus
Sur les besoins de la patrie,
Forment les liens étendus
Du commerce et de l'industrie,
Satisfont à tous les désirs,
Et, tels que des sources fécondes,
Vont ranimer dans les deux mondes
Les arts, la gloire et les plaisirs.
O Soleil, âme universelle,
Toi dont les regards amoureux
Éclairent ces astres nombreux
Dont l'azur des cieux étincelle ;
O toi qui suspends dans les airs
Ces torrents, ces mers vagabondes,
Qui par mille canaux divers
Portent la fraîcheur de leurs ondes
Dans les veines de l'univers ;
De l'été qui vient de renaître
Mûris les fertiles moissons,
Et reçois les foibles chansons
Que t'offre ma muse champêtre.
Déjà de tes rayons puissants

Les campagnes sont pénétrées :
Éole des blés jaunissants
Agite les ondes dorées.
O Cérès ! presse ton retour.
Sur nos plaines le dieu du jour
Répand les chaleurs et la vie.
Proserpine a quitté la cour
Du sombre époux qui l'a ravie :
Le même char qui l'entraîna
A travers la flamme et la cendre
A tes yeux charmés va descendre
Du sommet brillant de l'Etna.
Elle paroît ; ton cœur palpite ;
Tes pas volent devant ses pas :
Quand tu l'appelles dans tes bras,
L'amour vers toi la précipite ;
Un mutuel enchantement
Vous enivre des mêmes charmes ;
Trop court, mais trop heureux moment
Où le plaisir verse des larmes !
Pour un cœur noble et généreux,
Qu'il est doux, en quittant Cerbère,
De retrouver le monde heureux
Par les seuls bienfaits de sa mère !
Belle Proserpine, à tes yeux
Déjà la moisson est tombée
Sous la faucille recourbée
Du moissonneur laborieux
Ici les gerbes dispersées
Couvrent la face des guérets ;
Plus loin, leurs meules entassées

Élèvent un trône à Cérès.
Sur l'arbre fécond de Pyrame
Le ver à soie ourdit la trame
Qui pare les dieux et les rois;
Les fraises parfument les bois;
L'épine enfante la groseille;
Mille fruits naissent à la fois;
Et, prête à remplir sa corbeille,
La nymphe hésite sur le choix.
Partout l'abondance circule;
L'homme n'est heureux que l'été.
L'infatigable pauvreté
Bénit l'ardente canicule,
Qui fait frémir la volupté.
Dans un salon pavé de marbre
Respire-t-on un air plus frais
Qu'à l'ombre incertaine d'un arbre
Cher aux déesses des forêts?
La dryade en robe légère
Brave, sous un chapeau de fleurs,
L'aiguillon ardent des chaleurs,
Et Pallas, coiffée en bergère,
Pour égayer les moissonneurs
Danse à midi sur la fougère.
Le travail, joint à la gaîté,
Souffre et surmonte toutes choses;
La nonchalante oisiveté
Se blesse sur un lit de roses.
Voyez l'intrépide chasseur
Qui, sur cette côte brûlante,
A l'aide d'un chien précurseur,

Arrête la perdrix tremblante.
De joie et d'espoir animé,
Il prend, il arme son tonnerre :
L'oiseau part, un trait enflammé
Le fait retomber sur la terre.
La chasse retient jusqu'au soir
Le jeune Adonis dans les plaines ;
Le plaisir, la gloire et l'espoir
Font supporter toutes les peines.
Mais, déjà plus vif et plus clair,
Le soleil dévore et consume
La rosée éparse dans l'air ;
Et le feu du ciel qui s'allume,
Étincelle comme le fer
Que Vulcain frappe sur l'enclume.
Doris s'enfuit sous les roseaux ;
Et, dans leurs lits plus resserrées,
Les nymphes refusent leurs eaux
A nos campagnes altérées.
, Plaignons l'avide voyageur
Qui, dans les sables de l'Afrique
Égaré sous un ciel vengeur,
S'expose aux fureurs du tropique.
La terre rougit sous ses pieds ;
Des torrents de feu se répandent ;
Et par le soleil foudroyés
Les monts et les rochers se fendent.
Les arbres à demi couchés,
Sans fruit, sans sève et sans verdure,
Couvrent de leurs bras desséchés
Le sein brûlant de la nature.

Quel sort! Quels horribles moments!
Il entend les rugissements
Des lions que la soif dévore;
Immobile d'accablement,
Il cherche en vain du firmament
Le secours que la terre implore;
Assis sur un sable enflammé,
A la rigueur d'un ciel barbare,
Il reproche à son cœur avare
Les maux dont il est consumé.
Pour nous, que le soleil propice
Regarde avec des yeux plus doux,
Laissons voyager l'avarice;
Sur le gazon reposons-nous
Tandis que l'ardente écrevisse
Embrase le ciel en courroux.
Ainsi qu'à la céleste troupe,
Pendant le règne des chaleurs,
Hébé nous verse à pleine coupe
Le jus des fruits, l'esprit des fleurs.
La neige, avec art préparée,
Aiguise nos sens émoussés;
On diroit que ces fruits glacés
Sortent des jardins de Borée.
Vénus se permet en été
Une modeste nudité.
Dans une alcôve parfumée,
Impénétrable au dieu du jour,
La pudeur, sans être alarmée,
Dort sur les genoux de l'Amour.
Un doux loisir est nécessaire;

L'esprit de soins débarrassé,
On passe le jour sans rien faire :
Un tel jour est bientôt passé.
Du midi l'ardeur violente
N'est pas un supplice pour nous :
Si la chaleur est accablante,
Tous les remèdes en sont doux.
Mais j'entends le bruit du tonnerre
Retentir sur les monts voisins :
Junon vient déclarer la guerre
Au dieu protecteur des raisins :
Les portes du ciel s'obscurcissent;
L'air siffle, les antres mugissent.
Mais bientôt les vents sont calmés,
Et les tempêtes dissipées
Sur les montagnes escarpées
Lancent leurs carreaux enflammés.
Iris, sur un trône de nues,
Fait briller son arc lumineux;
Déjà les nymphes revenues
Brûlent de commencer leurs jeux.
Déjà, pressé par sa rivale,
Le roi des astres, moins ardent,
Se précipite à l'Occident
Sur un char de nacre et d'opale.
L'extrémité de ses rayons
Éclaire au loin la mer profonde;
Et tandis que nous le croyons
Plongé dans les gouffres de l'onde,
Armé de feux étincelants,
Il ouvre à ses coursiers brûlants

Les barrières de l'autre monde.
Oh ! qu'il est doux de respirer
Cet air frais, ces pures haleines
D'un vent qui du fond des fontaines
S'échappe, et, n'osant murmurer,
Vole sur l'aile du mystère !
Amour, il est temps de régner ;
Vénus se promène à Cythère,
Et les Grâces vont se baigner.

Au-fond d'un bosquet d'Idalie,
Dont nul mortel n'ose approcher,
La fontaine d'Acidalie
Se filtre à travers un rocher ;
Et, suivant une pente douce
Qui la conduit en l'égarant,
Elle remplit, en murmurant,
Un bassin revêtu de mousse.
Les arbres courbés alentour
La dérobent à l'œil du jour.
Un buisson fleuri l'environne ;
La tubéreuse et l'anémone
Entourent ses bords séduisants ;
Et l'oranger qui la couronne
Est parsemé de vers luisants.
Que Plutus, d'une main fantasque,
Orne les bains de Danaé ;
Thalie, Euphrosine, Aglaé,
N'aiment que les beautés sans masque ;
Le luxe expire sous leurs pas.
Sœurs aimables de la nature,
Elles se baignent dans ses bras ;

L'onde, en caressant leurs appas,
Devient plus brillante et plus pure.
Plongé dans ce riant bassin,
L'Amour poursuit les immortelles;
Et, frappant l'onde de ses ailes,
Il la fait jaillir sur leur sein.
Une douce et molle rosée
Remplit le calice des fleurs;
La nuit du trésor de ses pleurs
Rafraîchit la terre embrasée.
On voit sur la plaine des mers
Danser les nymphes vagabondes;
Le parfum de leurs tresses blondes
Se mêle à la fraîcheur des airs.
Mais bientôt le feu des éclairs
Resplendit au loin sur les ondes :
L'Olympe, sans être irrité,
Offre l'appareil d'un orage;
Et, par cette effrayante image,
Il augmente sa majesté.
Brûlante des feux de l'été,
Brûlante des feux du bel âge,
La jeunesse, loin du rivage,
S'élance et poursuit la beauté.
Enflammez, charmantes baigneuses,
La cour du frère de Pluton;
Tombez, naïades dédaigneuses,
Dans les bras nerveux de Triton.
O nuit, que vous voyez de charmes !
Fleuves, que vous êtes heureux !
L'Amour dans vos flots amoureux

Trempe la pointe de ses armes.
En vain dans les bois d'alentour
Les amants cherchent les fontaines;
Le feu qui consume leurs veines
S'accroît dans l'humide séjour;
Le bain ne guérit point leurs peines,
L'amour seul peut calmer l'amour.

Jadis, près des bords du Bosphore,
Dans les jardins du vieux Sélim,
Un ruisseau murmuroit encore
Les amours du jeune Zulim.
Les bains du tyran de l'Asie
Touchoient au bord de ce ruisseau;
En été, la belle Aspasie
Venoit respirer dans son eau.
Souvent Zulim, au bord de l'onde,
Suivoit le sultan révéré :
Que l'orgueil des rangs se confonde !
L'esclave heureux fut préféré
Au maître impérieux du monde.
Un pigeon s'abattit un jour
Dans les bras du page fidèle :
Zulim, plein d'une ardeur nouvelle,
Reconnut l'oiseau de l'Amour
Au billet caché sous son aile.
Il l'ouvre, il lit avec transport :
« Jeune icoglan, bénis ton sort;
Le ruisseau dont l'onde incertaine
Dans ces bois aime à s'enfermer,
Par une route souterraine
Au sein des mers court s'abîmer.

4

Aspasie est prête à te suivre ;
Sois son pilote et son vainqueur :
Si tu crains de cesser de vivre,
Tu n'es pas digne de son cœur. »
Zulim conçoit tout le mystère :
Un seul mot instruit un amant.
Le doux messager de Cythère
Devant lui vole lentement.
Rempli des plus douces alarmes,
L'esclave, au milieu des roseaux,
Découvre, adore mille charmes
Que trahit le voile des eaux.
On l'appelle, son cœur palpite ;
Il s'élance, il se précipite :
Mais en plongeant dans le canal,
Quel aspect le trouble et l'irrite !
Il voit son maître et son rival.
Comment sauver la favorite
Du fer ou du cordon fatal ?
Un baiser de feu le rassure.
Sultan, à tes yeux éperdus,
Le couple amoureux et parjure
A comblé l'audace et l'injure ;
Tous deux, unis et confondus,
Fendent de leurs bras étendus
Le sein de l'onde qui murmure.
Errant de détour en détour,
Ils roulent sous la voûte obscure
Qui doit bientôt les rendre au jour :
L'effroi qu'inspire la nature
Est surmonté par leur amour.

Portés sur les bouillons de l'onde,
Ils entrent dans la mer profonde ;
Leurs regards implorent les cieux :
Mais un esquif s'offre à leurs yeux
Au pied d'un rocher solitaire ;
Tous deux y volent, et les dieux
Conduisent la barque à Cythère.

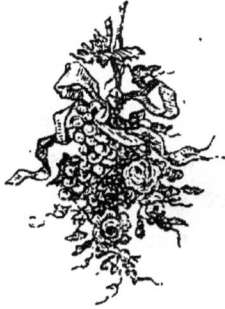

L'AUTOMNE

CHANT TROISIÈME

Quels parfums remplissent les airs ?
Où porter mes regards avides ?
Des tapis plus frais et plus verts
Renaissent dans nos champs arides :
La nature efface ses rides ;
Tous ses trésors nous sont ouverts ;
Et le jardin des Hespérides ,
Est l'image de l'univers. ,
C'en est fait ; la vierge céleste,
En découvrant son front vermeil
Adoucit, d'un regard modeste,
L'ardeur brûlante du soleil.
Redoutable fils de Latone,
Tu cesses de blesser les yeux ;
Vertumne ramène Pomone,
Et mille fruits délicieux
Brillent sur le sein de l'Automne.
O sœur aimable du printemps,
Tu viens acquitter ses promesses

Si tes biens sont moins éclatants,
Tu n'as point de fausses richesses,
Loin de toi le fard de Vénus
Et le clinquant de l'imposture ;
Ta main dépouille la nature
De ses ornements superflus ;
L'air négligé dans la parure
Te donne une beauté de plus.
Les fruits, plus nombreux que les feuilles,
Couronnent les arbres chéris,
Et tous les biens que tu recueilles
Ont moins d'éclat et plus de prix.
Le règne fortuné d'Astrée
Se renouvelle dans ta cour ;
Tu pèses la nuit et le jour
Dans une balance dorée.
Entouré de rayons heureux
Qui font la richesse du monde,
Le ciel, de la terre amoureux,
Se peint dans le miroir de l'onde.

La paix, reine de l'univers,
Étouffe la voix des trompettes ;
Un jour plus doux luit sur nos têtes :
Nos travaux, mêlés de concerts,
Ressemblent aux plus belles fêtes ;
La nature reprend ses droits,
Les dieux descendent des montagnes,
La gloire habite les campagnes,
Les muses rêvent dans les bois ;
Et lasse d'accorder les rois,
Thémis, assise au pied d'un chêne,

Juge les chansons de Philène
Et donne aux bergères des lois.
Les fiers amants de la fortune
Ont quitté la chaîne importune
De la faveur et du devoir ;
L'art, l'industrie et le savoir
Sortent des villes dépeuplées ,
Et l'abondance vient revoir
Ses richesses accumulées.
Ton règne paisible et charmant
Fait oublier celui de Flore,
Automne; la terre t'adore,
Et l'univers est ton amant.
Belle encore au déclin de l'âge,
Toi seule, ô divine saison,
Utile, douce, aimable et sage,
As mérité le double hommage
Du plaisir et de la raison.
 Oh ! que les muses sont dociles
Dans ces vergers délicieux !
Mes vers, inspirés par les dieux,
Naissent plus doux et plus faciles :
L'art de la rime n'est qu'un jeu
L'expression suit la pensée,
Et mon âme au ciel élancée
Vole sur des ailes de feu.
Dans cette aimable solitude,
L'esprit captif sort de prison ;
Le plaisir abrège l'étude,
Tous deux étendent la raison.
Erreur que l'orgueil déifie,

Préjugé, tyran des mortels,
Cédez à la philosophie,
Qui vient de briser vos autels.
Cieux inconnus au télescope,
Et vous, atomes échappés
A l'œil perçant du microscope,
Vos mystères développés
Brillent aux yeux de Calliope;
La vérité, fille du temps,
Déchire le voile des fables;
Je vois des mondes innombrables,
Et j'aperçois des habitants.
Malgré ces volcans homicides,
Le feu lui-même est habité;
L'air, dans ses ondes si fluides,
Découvre à mon œil enchanté
Ses tritons et ses néréides.
La lumière, dont les couleurs
Forment la parure du monde,
Renferme la race féconde
D'un peuple couronné de fleurs.
La nature anime les marbres :
L'air, le feu, la terre et les eaux,
Les fruits qui font plier nos arbres
Sont autant de mondes nouveaux.
Tout agit; rien n'est inutile;
Et la reine des animaux
Unit par différents anneaux
L'homme superbe et le reptile.
Fiers amants de la liberté,
Les êtres, l'un de l'autre esclaves

Ignorent leur captivité
Et méconnoissent leurs entraves.
Tout cède à la commune loi :
Terre orgueilleuse et téméraire,
Apprends que l'astre qui t'éclaire
Se doit au monde comme à toi.
Obéis, remplis ta carrière,
Adore la source première
Des beaux jours qui te sont donnés ;
Reçois et répands la lumière
Sur d'autres globes fortunés.
Ainsi mon esprit se dégage
Des erreurs du peuple et des grands ;
Malgré la vanité des rangs,
Tous les êtres sont, pour le sage,
Moins inégaux que différents.
Ainsi ma muse s'abandonne
A son caprice renaissant ;
Et, tandis qu'un dieu caressant
D'un double myrte la couronne,
Le soleil, moins éblouissant,
Abrège les jours de l'automne.
Pomone, avant que de périr,
Semble redoubler ses caresses ;
Les arbres chargés de richesses
Se courbent pour nous les offrir.
Lasse de ramper sur nos treilles,
La vigne élève ses rameaux
Et suspend ses grappes vermeilles
Au front superbe des ormeaux ;
Ses fruits, si funestes aux Perses

Et si délicieux pour nous,
Confondant leurs couleurs diverses,
Forment les accords les plus doux.
Toutes les ronces sont couvertes
De coings dorés et de pavis ;
Mille grenades entr'ouvertes
Sèment la terre de rubis.
Orange douce et parfumée,
Limons et poncirs fastueux,
Et vous, cédrats voluptueux,
Couronnez l'automne charmée.
Raisins brillants, dont la fraîcheur
Étanche la soif qui nous presse ;
Pommes, dont l'aimable rougeur
Ressemble au teint de la jeunesse,
Tombez et renaissez sans cesse
Sur le chemin du voyageur.
L'Amour, que l'automne rappelle,
Descend du ciel dans nos vergers
Et vient offrir à la plus belle
Les pommes d'or des orangers.
Accourez, naïades timides ;
Le fruit, sur la terre tombé,
Brille, s'élève en pyramides
Et remplit le trésor d'Hébé.
Nymphes, enlevez vos corbeilles,
Allez offrir au dieu des eaux
La pourpre qui couvre nos treilles,
L'ambre qui pare nos coteaux.
Un second printemps vient d'éclore ;
Le ciel répand des rayons d'or ;

L'amarante et le tricolor
Rappellent le règne de Flore,
Et la campagne brille encor
Des douces couleurs de l'aurore.

Vesper commence à rayonner;
Io mugit dans les villages,
Et les pasteurs vont ramener
Leurs troupeaux loin des pâturages.
Le soleil tombe et s'affoiblit.
Montons sur ces rochers sauvages;
Allons revoir ces paysages
Que l'ombre du soir embellit.
Ici, des champs où la culture
Étale ses heureux travaux,
Une source brillante et pure
Qui, par la fraîcheur de ses eaux,
Rajeunit la sombre verdure
Des prés, des bois et des coteaux;
Là, des jardins et des berceaux
Où règnent l'art et l'imposture,
Des tours, des flèches, des créneaux,
Des donjons d'antique structure;
Sur le chemin de ces hameaux
De longues chaînes de troupeaux,
Un pont détruit, une masure;
Plus loin, des villes, des châteaux
Couverts d'une vapeur obscure;
Le jour qui fuit, l'air qui s'épure,
Le ciel allumant ses flambeaux,
Tout l horizon que l'œil mesure,
Offrent aux yeux de la peinture

Des contrastes toujours nouveaux,
Et font aimer dans leurs tableaux
Le coloris et la nature.
  Mais la nuit, au trône des cieux,
Dissipant au loin les nuages,
Vient encore attacher nos yeux
Sur de plus frappantes images.
La sœur aimable du soleil
Se lève sur l'onde apaisée,
Et répand de son char vermeil
Le jour tendre de l'Élysée; -
Elle embellit les régions
Qu'abandonne l'astre du monde;
Elle éclaire les alcyons
Qui planent sur la mer profonde;
La vague tremblante de l'onde
Brise et dissipe les rayons
De sa lumière vagabonde :
Favorable à la volupté,
Elle donne au plaisir des armes;
L'éclat de son globe argenté
Semble voiler la nudité,
Lorsqu'il en montre tous les charmes;
Son règne est celui de l'Amour.
Sur les mers d'écume blanchies
Neptune marche avec sa cour,
Et de nos flottes enrichies
Éole presse le retour
Conduits par les mains des sirènes,
On voit de loin nos pavillons
Tracer d'innombrables sillons

Sur le sein des humides plaines.
Tandis que l'Océan charmé
Contemple son vaste rivage,
Le Nord tout à coup enflammé
Devient le spectacle du sage
Et l'effroi du peuple alarmé.
Une lumière étincelante
Embrase le voile des airs :
Avant-courrière des hivers,
Quelle autre aurore plus brillante
S'élève au milieu des éclairs ?
Les dieux ont-ils dans leurs balances
Pesé le sort des nations ?
Ému par nos divisions,
Le ciel fait-il briller ses lances ?
Ses feux et ses rayons épars,
Ses colonnes, ses pyramides,
N'offrent à des regards timides
Que les jeux sanglants du dieu Mars.
Voilà les nombreuses armées,
Voilà les combats éclatants
Qui de nos guerres rallumées
Furent les présages constants.
La frayeur naissoit du prestige ;
Mais nos yeux bientôt satisfaits
Verront renaître le prodige
Sans en redouter les effets.
Brillez, aurore boréale ;
De la nuit éclairez la cour ;
En vous voyant, le beau Céphale
Croit voir l'objet de son amour ;

Et l'hirondelle matinale
S'étonne d'annoncer le jour.
Palès rappelle dans la plaine
Et les bergers et les troupeaux ;
Vulcain rallume ses fourneaux ;
Et la troupe du vieux Silène
S'éveille au pied de nos coteaux.
Au bruit des meutes de Diane,
Les bacchantes ouvrent les yeux ;
Trompé par la clarté des cieux,
Bacchus sort des bras d'Ariane.
Ce dieu, de pampres couronné,
Ouvre la scène des vendanges ;
Il brille, il marche environné
D'Amours qui chantent ses louanges ;
On voit danser devant son char
Les satyres et les dryades ;
Un faune enivré de nectar
Remplit la coupe des ménades ;
Les jeux, qui le suivent toujours,
Répandent des fleurs sur ses traces ;
Ses tigres, conduits par les grâces,
Sont caressés par les amours.
Momus, Terpsichore, Thalie,
Ægipans, centaures, sylvains,
Viennent annoncer aux humains
L'heureux retour de la folie.
Le soleil voit, en se levant,
La marche du vainqueur du Gange ;
Et, porté sur l'aile du vent,
L'Amour annonce la vendange.

Pan dans le creux de cé rocher
Foule les présents de l'automne ;
A ses yeux, la jeune Érigone.
Folâtre et n'ose s'approcher.
Le nectar tombe par cascade ;
L'onde et le vin sont confondus,
Et l'urne de chaque naïade
Devient la tonne de Bacchus.
Les flots de la liqueur sacrée
Couvrent la campagne altérée :
Tout boit, tout s'enivre, tout rit ;
Et de la joie immodérée
Jamais la source ne tarit.
Le myrte, aux amours favorable,
A dérobé moins de plaisirs
Que cet arbuste vénérable
N'a vu couronner de désirs.
Sous les pampres de cette vigne,
Un amant n'est jamais trahi ;
Plus il jouit, plus il est digne
Du bonheur dont il a joui.
Bacchus rajeunit tous les âges ;
Ses charmes ramènent toujours
La folie au temple des sages,
La raison au sein des amours.
　　Acis, aussi jeune que Flore,
Touchoit à cet âge charmant
Où l'âme éprouve le tourment
De désirer ce qu'elle ignore;
Plus belle et moins jeune que lui,
Thémire, semblable à Pomone,

Commençoit à craindre l'ennui
Des derniers jours dè son automne :
L'Amour seul a droit de charmer
L'âme qu'il a déjà charmée ;
Acis avoit besoin d'aimer,
Thémire d'être encore aimée.
La beauté voit périr ses traits,
Les roses du teint se flétrissent ;
Mais le cœur ne vieillit jamais,
Et les désirs le rajeunissent.
Thémire brûla pour Acis ;
Aimer de nouveau, c'est renaître
Ce fut sous ce berceau champêtre
Que son cœur, longtemps indécis,
Choisit enfin ce jeune maître.
Étouffez les rayons du jour,
Pampres dont le feuillage sombre
S'élève et retombe alentour ;
La raison demande votre ombre
Pour s'abandonner à l'amour.
Lierre amoureux, toi qui conspires
A rendre ce berceau charmant,
Viens cacher l'amante aux satyres,
Aux nymphes dérobe l'amant.
Malheureuse d'être inhumaine,
Honteuse de ne l'être pas,
Thémire repousse avec peine
Acis qu'elle appelle en ses bras.
La beauté la plus intrépide
Craint de séduire la candeur ;
L'embarras d'un amant timide

Arme la plus foible pudeur.
Thémire, enivrée, éperdue,
Tour à tour se laisse emporter,
Au plaisir de s'être rendue,
A la gloire de résister.
Éclairés d'un jour favorable,
Les yeux de son amant aimable
Sur les foibles traces du temps
N'ont vu que les fleurs du printemps :
Heureux âge de l'indulgence,
Où les dégoûts sont inconnus,
Où tous les feux, d'intelligence,
Conspirent pour la jouissance,
Où toute mortelle est Vénus !
　Thémire n'a point de rivale :
Le feu dont Acis est brûlé
De leurs ans remplit l'intervalle ;
Et l'Amour, aux cieux envolé,
Triomphe d'avoir assemblé
Les nœuds d'une chaîne inégale.
　La fin du règne de Bacchus
Annonce ces combats aimables
Où les satyres sont vaincus
Par les nymphes infatigables.
Jours fortunés, mais peu durables !
Bientôt le brutal Africus,
Ouvrant ses ailes redoutables
S'éveille aux cris épouvantables
De la maîtresse de Glaucus.
Les hirondelles assemblées,
S'élançant du faîte des tours

Au fond des grottes reculées
Vont s'endormir jusqu'aux beaux jours.
Entassés comme des nuages,
Mille oiseaux traversent la mer ;
Le retour de l'affreux hiver
S'annonce par leurs cris sauvages.
Le fer tranchant va déchirer
Le sein des plaines découvertes ;
Et Vertumne, en pleurant nos pertes,
Nous apprend à les réparer.
Éole menace le monde ;
Borée en sa prison rugit ;
La mer qui s'enfle écume, gronde,
Et son rivage au loin mugit.
Les oréades taciturnes
Cherchent les antres des déserts ;
Et les hyades dans les airs
Ont renversé leurs froides urnes.
Vents, triomphez en liberté,
Allez dépouiller la nature
Des vains titres de sa fierté :
Que sert un reste de parure
Quand on a perdu la beauté ?
Dispersez ces feuilles séchées,
Dévorez ces plantes couchées,
Qui n'osent regarder les cieux :
Et toi, les délices du monde,
Toi qui plaisois à tous les yeux,
Saison si belle et si féconde,
Automne, reçois mes adieux.

L'HIVER

LES vents ravagent nos prairies,
Tout meurt dans nos champs désolés,
Et de nos humbles bergeries
Les fondements sont ébranlés.
Déjà les Grâces immortelles
Rentrent dans nos froides maisons ;
L'Amour vient réchauffer ses ailes
Au feu mourant de nos tisons.
Content de régir nos villages
Et d'enchaîner nos libertés,
Il laisse à ses frères volages
L'empire bruyant des cités.
Faibles esclaves de Cythère,
Fuyez nos plaisirs innocents ;
Dérobez-vous aux traits perçants
Que lance le noir sagittaire.
Le règne de l'art imposteur
Commence où la nature expire.

Volez dans ce monde enchanteur
Où le luxe tient son empire ;
La nouvelle Persépolis
Vous ouvre ses portes dorées ;
Chassez de vos cœurs amollis
Les vertus aux champs adorées,
Et changez en vices polis
Nos mœurs à la cour ignorées.
    Pour nous, que la paix et les ris
Enchaînent sous ces toits rustiques,
Autour de nos foyers gothiques
Nous allons oublier Paris
Et vos plaisirs asiatiques.
Croyez qu'au fond de nos châteaux
La joie invente aussi des fêtes ;
Malgré les torrents du verseau,
Le souffle glacé des tempêtes
Épargne les myrtes nouveaux
Dont les plaisirs parent nos têtes.
Ce n'est pas à la cour des rois
Qu'habite la paisible Astrée :
Il faut que l'âme quelquefois,
Au sein du tumulte enivrée,
Revienne dans le fond des bois
Trouver sa raison égarée.
Malheureux qui craint de rentrer
Dans la retraite de son âme !
Le cœur qui cherche à s'ignorer
Redoute un censeur qui le blâme.
Peut-on se fuir et s'estimer ?
On n'évite point ce qu'on aime :

Qui n'ose vivre avec soi-même
A perdu le droit de s'aimer.
Pourquoi déserter nos campagnes
Quand les sauvages aquilons
Chassent du sommet des montagnes
La pauvreté dans nos vallons?
L'aspect des misères humaines
Est plus touchant qu'il n'est affreux :
Craint-on de voir les malheureux
Quand on veut soulager leurs peines?
Le front du riche s'obscurcit,
Et l'aspect du malheur le blesse :
Dans le séjour de la mollesse
Le cœur se ferme et s'endurcit.
Trop fière de ses avantages,
La ville détourne les yeux
Du sombre tableau des villages,
Dont les toits couverts de feuillages
S'ouvrent aux injures des cieux.
Tranquille sous un dais superbe,
A la clarté de cent flambeaux,
On ne voit point dans nos hameaux
La pauvreté disputer l'herbe
Aux plus féroces animaux.
Auprès d'un foyer magnifique
On bénit le farouche hiver,
Qui, dans un salon pacifique,
Respecte la douceur de l'air.
On croit que la misanthropie
Aigrit les maux qu'on ne sent pas :
Ainsi le luxe dans ses bras

Engourdit nôtre âme assoupie.
Honteux d'aimer, fiers d'être ingrats,
Dans des intrigues puériles
Nous épuisons nos cœurs stériles :
Moins sensibles que délicats,
Le dégoût nous rend difficiles ;
Impatients et bientôt las,
Nous traînons nos jours inutiles ;
Nous rêvons, nous ne vivons pas.
Loin de moi le triste système
De censurer d'heureux loisirs :
C'est en faveur du plaisir même
Que je condamne nos plaisirs.
Il n'est point d'hiver pour le sage ;
La terre qu'Éole ravage
Plaît encor dans sa nudité ;
Les monts, entourés d'un nuage,
Imposent par leur majesté ;
L'aspect de Neptune irrité
Frappant en fureur son rivage
Répand sur tout son paysage
L'âme, la vie et la fierté ;
Et la campagne plus sauvage
Ne perd pas toute sa beauté.
Malgré l'effroyable peinture
Du désordre des éléments,
L'hiver lui-même a des moments ;
Les ruines de la nature
Plaisent encore à ses amants.
Nos hameaux auroient plus de charmes
S'ils étoient moins inhabités,

Et s'ils n'arrosoient de leurs larmes
Les biens qu'absorbent les cités.
La terre, en esclave servile,
S'épuisera-t-elle à jamais
En faveur d'une ingrate ville
Qui change en tributs nos bienfaits?
Enrichis des biens qu'ils moissonnent,
Si nos laboureurs, qui frissonnent
Soûs leurs toits de chaume couverts,
Jouissoient, du moins les hivers,
De l'abondance qu'ils nous donnent ;
Si le fleuve de nos trésors,
Longtemps égaré dans sa course,
Remontoit enfin à sa source
Pour enrichir ses premiers bords ;
Alors la misère effrayante,
Dont la main foible et suppliante
Implore un secours refusé,
Béniroit l'image riante
De notre luxe humanisé.
Le cours de nos destins prospères,
En répandant notre bonheur
Sur l'héritage de nos pères,
Sauveroit la vie et l'honneur
Aux esclaves involontaires
Que le fer sanglant du vainqueur
Ou que la bassesse du cœur
Rendit jadis nos tributaires.
Tout malheureux est avili :
Chassez l'indigence importune,
Et le village est ennobli ;

La gloire y suivra la fortune;
J'y vois son culte rétabli.
  Ranimons les arts de Cybèle;
Forçons la paresse rebelle
A surmonter la pauvreté;
En rendant la terre plus belle
Augmentons sa fécondité.
Déjà sur la neige endurcie
L'hiver commence ses travaux;
Déjà la tête des ormeaux
Tombe sous les dents de la scie.
Le bruit redoublé des marteaux
Retentit au pied des montagnes,
Et le plus grossier des métaux
Devient le trésor des campagnes.
Le fer recourbé de Cérès
S'aiguise sur la meule agile;
La chasse dispose ses rets;
La fournaise épure l'argile;
Vulcain change en verre fragile
La fougère de nos forêts.
Les jeux et les travaux s'allient :
Pour former nos simples tapis
La paille et le jonc se marient;
Nos vœux, nos besoins, qui varient,
Réveillent les arts assoupis.
L'ennui, ce tyran domestique,
Dans nos hameaux est ignoré :
Ici, le pasteur désœuvré
Façonne son sceptre rustique;
Ici, le chanvre préparé

Tourne autour du fuseau gothique,
Et, sur un banc mal assuré,
La bergère la plus antique
Chante la mort du Balafré
D'une voix plaintive et tragique.
Oh ! que ces objets innocents
Ont de droits sur l'âme d'un sage !
La campagne la plus sauvage
Porte le calme dans nos sens.
Les lois de la philosophie
Naissent du principe du goût ;
Ce qu'on aime, on le déifie,
Et l'on peut être heureux partout.
Le charme seul de l'habitude
Me fait vanter la solitude.
Jadis l'hiver loin de Paris
Effrayoit ma folle jeunesse ;
Je croyois dans nos champs flétris
Voir les rides de la vieillesse.
Ces bois blanchis par les frimas
Où j'entretiens ma rêverie,
Ce fleuve dont l'onde chérie
Ranime nos sombres climats,
Qui, pour embrasser la prairie,
Ouvre, étend et courbe ses bras,
Ces lieux pour moi remplis d'appas
Étoient jadis la Sibérie.
Jusque dans l'ombre des déserts
Le bruit séduisant des théâtres
Venoit étouffer les concerts
De nos villageoises folâtres.

Le luxe, environné des arts,
Roi d'une ville singulière,
Changeoit le village en chaumière
Et présentoit à mes regards
Nos bons et naïfs campagnards
Marqués au crayon de Molière.
Je regrettois la liberté
D'un spectacle aimable et fantasque,
Où l'on prodigue sous le masque
Le mensonge et la vérité ;
L'asile élégant et champêtre
Où deux amants sont renfermés,
Moins par le plaisir d'être aimés
Que par l'orgueil de le paroître ;
Ces longs soupers où l'on redit
Toute l'histoire de la veille ;
Où l'enjoûment se refroidit
Si la satire ne l'éveille ;
Où le vaudeville fatal
Est modulé par les Orphées ;
Où le vin, versé par les fées,
Coule dans l'or et le cristal ;
Enfin le tumulte et l'orgie,
Vénus et ses temples ouverts,
L'image des arts réfléchie
Sur les glaces de nos desserts :
Tout au séjour de la licence
Appeloit mon cœur égaré ;
La ville avoit défiguré
L'heureux séjour de l'innocence.
   Aujourd'hui que l'âge a mûri

Les conseils de l'expérience,
Que mon cœur enfin s'est guéri
Des fougues de l'impatience,
L'hiver n'est plus si rigoureux,
Le désert remplace la ville :
Où je crois vivre plus tranquille,
Là je m'estime plus heureux.
Nos donjons, nos tours délabrées,
Monuments antiques des Goths,
Sont moins affreux que les magots
Dont nos maisons sont décorées ;
Sans aimer la grossièreté
De nos aïeux encor barbares,
Leur aimable naïveté
M'attache à leurs travaux bizarres.
Le chevalier, le paladin,
Viennent remplir mes rêveries,
Et je lis dans leurs armoiries
Les guerres du grand Saladin ;
Leurs tournois, leurs galanteries,
Empreints sur un marbre grossier,
Revivent dans ces galeries
Où l'amour, tout couvert d'acier,
Au lieu de guirlandes fleuries,
Orne sa tête de laurier.
Un amas de lances rompues
Est le trésor de ce château ;
Les haches d'armes, les massues,
Les arcs s'élèvent en monceau.
Dans cette tour mal réparée,
Quel objet frappe mes regards ?

De fer la muraille entourée,
Des pigeons perchés sur des dards;
La colombe de Cythérée
Y boit dans le casque de Mars.
Partout le flambeau de l'histoire
Éclaire à mes yeux le passé.
J'apprends au livre de mémoire,
Livre utile et presque effacé,
Que l'homme a toujours mal placé
Le temple où préside la gloire.
Le tableau de l'antiquité
Séduit par sa douce imposture;
Mais aux yeux de la vérité
Le vieux temps n'est beau qu'en peinture;
Le chalumeau des troubadours,
Le luth du bon roi de Navarre,
N'égaloient pas l'humble guitare
Des moindres chantres de nos jours.
Ami de nos aïeux célèbres,
Je ne veux point ressusciter
Leurs siècles couverts de ténèbres
Qu'un jour plus pur vient d'écarter.
Quelle âme inhumaine et grossière
De notre ignorance première
Regrette les temps révolus ?
L'erreur est un malheur de plus :
Moins notre esprit a de lumière,
Moins il éclaire nos vertus.
Dois-je imputer à la culture
Ces ronces, ces chardons épars
Qui dévorent la nourriture

Des blés naissant de toutes parts?
Loin de moi semblable imposture :
Les arts fécondent la nature,
Nos vices corrompent les arts.
   · Telles sont les sages pensées
Dont j'aime à nourrir ma raison,
Tandis que les neiges pressées
Couvrent le toit de ma maison.
·Seul, et souvent heureux de l'être,
Je me fais un utile jeu
De voir consumer par le feu
Le tronc vénérable d'un hêtre.
Cet arbre sembloit, au printemps,
Régner sur tout le paysage ;
La mousse et la rouille du temps
Déceloient seules son grand âge;
Ses rameaux, penchés alentour,
Formoient un temple pour les grâces;
A son pied l'on voyoit les traces
Qu'imprimoient les pas de l'Amour.
Cent ans il repoussa la guerre
Des aquilons impétueux;
Inébranlable et fastueux,
Il fouloit le sein de la terre;
Son front brûlé par le tonnerre
En étoit plus majestueux.
Quels dieux ont causé sa ruine?
Un bûcheron foible et courbé
A frappé l'arbre en sa racine,
Le roi des forêts est tombé.
   Aidé d'une sombre lanterne.

Le soir je dirige mes pas
Vers l'antique et vaste caverne
Où le Nestor de ces climats
Rassemble, police et gouverne
Tous les bergers de ces États.
Dans cette grotte mal taillée
La sœur aimable de l'Amour
Appelle sur la fin du jour
Nos bergères à la veillée.
L'amant d'Io, débarrassé
Du soin de sillonner la plaine,
Y réchauffe de son haleine
Philémon que l'âge a glacé,
Lisette et le jeune Philène.
Des arbres en cercle arrondis
Forment le rustique théâtre
Où la villageoise et le pâtre
S'aiment comme on aimoit jadis.
Une lampe à triple lumière,
Que l'air agite et fait pencher,
Découvre à l'assemblée entière
La profondeur de ce rocher.
C'est là que les longues soirées
S'écoulent comme des moments ;
Nos fêtes, dans ces lieux charmants,
Naissent sans être préparées.
La romance, le fabliau
Nous content leurs douces sornettes :
Ici les fastes de Clio
Sont des recueils de chansonnettes ;
Ici l'on tient la cour d'amour,

Si redoutable aux infidèles,
Où l'on couronne tour à tour
Les plus galants et les plus belles,
Où les ingrats et les cruelles
Sont condamnés le même jour.
Ici l'accusé doit répondre ;
Le juge ordonne, on obéit ;
Chaque amante a droit de confondre
Le perfide qui la trahit.
Un soir, dans ce sénat champêtre,
Églé, bergère de vingt ans,
Nous dit qu'elle sauroit peut-être
Une histoire de son printemps.
Alors toute la troupe émue
Se rapproche pour écouter ;
Le seul Mysis baissoit la vue :
Églé commença de conter.
Une bergère assez jolie
Donna son chien à son vainqueur ;
Quand elle eut fait cette folie,
Il fallut bien donner son cœur.
En aimant on se croit aimée ;
Comment ne l'eût-elle pas cru ?
Le pouvoir qui l'avait charmée
A chaque instant s'étoit accru ;
Plus sa foiblesse étoit extrême,
Plus l'amant devint imposteur.
Hélas ! comment croire menteur
Un berger qui dit : Je vous aime ?
Un cœur sincère ne craint rien ;
Mais cette assurance est fatale :

La bergère aperçut son chien
Sur les genoux de sa rivale.
Le voile alors se déchira,
Tout fut changé dans la nature :
L'amour, le temps, rien ne pourra
Guérir sa profonde blessure ;
Je la connois, elle en mourra.
A ces mots Églé fond en larmes,
Et Mysis tombe à ses genoux : .
Quoi ! dit-il, j'ai bravé vos charmes !
Mon cœur s'est éloigné de vous !
Le supplice est égal au crime ;
J'étois aimé, je suis haï :
Je vivrai, je mourrai victime
De mon amour que j'ai trahi...
Mon cher Mysis, Églé t'adore ;
Jamais tu ne fus condamné ;
Si ma fierté t'accuse encore,
Mon cœur t'a déjà pardonné.
Elle dit : sa voix affoiblie
Expire ; et Mysis à ses pieds,
Les yeux dans les larmes noyés,
Déteste un crime qu'elle oublie.
Alors un murmure flatteur
Célèbre ce retour si rare.
Les maux dont l'amour est l'auteur
Deviennent, quand il les répare,
La source de notre bonheur.
    Ainsi la plus sombre journée
Peut s'écouler dans le plaisir ;
L'art d'adoucir sa destinée

Est l'art d'occuper son loisir.
Le sauvage de la Norvège,
Cet automate fainéant,
Voisin des montagnes de neige
Qui le séparent du néant,
Dans nos plus tristes solitudes
Croiroit voir l'île des Amours ;
Les nuits que nous trouvons si rudes
Seroient pour lui les plus beaux jours.
Jouissons de nos avantages ;
Quittons en foule nos villages :
Le vent se lève à l'orient,
Et le ciel, vainqueur des orages,
Nous montre un visage riant.
L'hiver, plus vif et moins à craindre,
A levé son voile odieux ;
La terre cesse d'être à plaindre
Quand le soleil brille à ses yeux.
Déjà les neiges des montagnes
Resplendissent de tous côtés,
La robe blanche des campagnes
Étale ses plis argentés ;
La goutte d'eau que l'air épure
Se change en perle en se formant ;
L'hiver dans toute sa parure
Nous montre sa riche ceinture ;
Et des chaînes de diamant
Semblent resserrer la nature.
Fleuve dont le cours inégal
Arrose nos plaines fécondes,
Sous une voûte de cristal

Borée emprisonne tes ondes;
Nos villageoises vagabondes
Osent parcourir ton canal.
Et toi, montagne infortunée,
Séjour éternel des hivers,
Où la nature abandonnée
Règne sur des tombeaux ouverts,
Dans tes cavernes effroyables,
Dans tes abîmes si profonds
Habités par d'affreux dragons
Que la faim rend impitoyables,
Courons, tandis que le jour luit,
Attaquer les monstres sauvages
Qui dans les ombres de la nuit
Exercent leurs cruels ravages.
Bravons ces lions dévorants,
Ces ours, destructeurs de la terre;
Que la chasse ainsi que la guerre
Nous arme contre nos tyrans :
Défendons nos hameaux tranquilles;
Sauvons nos bergers et nos biens,
Et que nos plaisirs soient utiles
Au repos de nos citoyens.
La santé, de fleurs couronnée,
Naîtra de ces légers travaux :
Et nous verrons avec l'année
Éclore des plaisirs nouveaux.
Bientôt cette chaleur puissante
Qui ressuscite l'univers,
Bientôt la sève renaissante
Fondra la glace des hivers.

Ces esprits qui peuplent l'Averne,
Ces vents enfantés par le nord,
S'endormiront dans la caverne
Où règnent Borée et la mort;
La beauté, la force, la vie
Rendront à la terre ravie
Et ses trésors et ses couleurs;
La peine, du plaisir suivie,
Se reposera sur les fleurs.
« Délices de la double cime,
Toi, dont les vers mélodieux
Rendirent Euterpe sublime,
Et les hameaux dignes des dieux,
Virgile, reçois mon hommage.
Ma muse au pied de ton autel
Dépose en tremblant un ouvrage
Que ton nom peut rendre immortel. »

ODES

ODES

ODE PREMIÈRE

LES ROIS

Toi qui vis tomber les colonnes
Des États les plus florissants,
Toi qui vis briser les couronnes
Des souverains les plus puissants,
O Terre, ô féconde Cybèle,
Tu caches dans ton sein fidèle
Les fastes des siècles divers :
Ouvre à ma muse qui t'appelle
Les archives de l'univers.

Montre-moi sous leurs pyramides
Ces rois dans la tombe ignorés,

Ces rois fastueux et timides
Jadis sur le trône adorés :
Leur nom n'a duré qu'une aurore.
En vain le marbre couvre encore
Les vains débris de leur cercueil ;
Le temps à chaque instant dévore
Les monuments de leur orgueil.

Tu vis sortir de tes entrailles
Ces héros, tyrans des humains,
Dont le dieu sanglant des batailles
Armoit les sacrilèges mains.
Que les émules d'Alexandre
Bravent sur des palais en cendre
Et la fortune et ses revers :
Bientôt tu les verras descendre
Dans les tombeaux qu'ils ont ouverts.

Je sais qu'Achille, que Thersite,
Étoient soumis au même sort ;
Qu'un même bras nous précipite
Dans les ténèbres de la mort :
Mais l'île infâme de Caprée
Vit tomber l'idole abhorrée
Du cruel maître de Séjan ;
Et la terre, encore éplorée,
Encense l'urne de Trajan.

Princes dont la cendre repose
Au pied des plus riches autels,
Souvent, malgré l'apothéose,

Vous êtes l'horreur des mortels :
En vain, dans vos palais nourrie,
La folle et basse flatterie
Chante vos hymnes en tout lieu ;
Le temps détruit l'idolâtrie
Et brise l'autel et le dieu.

Rois, laissez aux peuples sauvages
Le droit injuste du plus fort :
La crainte arrache nos hommages,
L'amour les obtient sans effort.
Serrez moins le nœud qui nous lie ;
Notre orgueil à regret se plie
Au joug rigoureux du pouvoir :
L'amour, plus noble, multiplie
Nos soins, que borne le devoir.

Dans vos sérails impénétrables,
Sultans, esclaves couronnés,
Vous traînez des jours déplorables,
Des jours de trouble environnés.
Pour rendre la terre féconde
Le soleil sort du sein de l'onde
Et s'ouvre un chemin vers les cieux :
O rois, rendez heureux le monde
En vous offrant à tous les yeux.

Voyez sur les bords de la Seine
Ce prince, l'amour des François ;
La Victoire qui le ramène
Annonce à grands cris nos succès :

Son peuple l'entoure et le presse;
Le zèle se change en ivresse;
On aime, on adore ses lois :
Excès d'une juste tendresse
Qui fait le bonheur des grands rois.

Ne craignons pas que sa mémoire
Se perde dans l'ombre du temps,
Ni que le grand jour de l'histoire
Ternisse ses faits éclatants :
Minerve le suit à la guerre,
Thémis gouverne son tonnerre;
Il n'est armé que pour la paix,
Et ne veut enchaîner la terre
Que par le lien des bienfaits.

On dira : Quel dieu favorable
Accorda Louis aux humains?
Son amitié ferme et durable
Soutint le trône des Romains;
Dans son tribunal despotique
Jamais la liberté publique
N'expira sous l'autorité :
Les ressorts de sa politique
Furent les lois de l'équité.

Né sur le trône, il fut sensible;
Juge, il ressentit la pitié;
Souverain, il fut accessible;
Monarque, il connut l'amitié.
Que sa justice et son courage, .

Que son nom béni d'âge en âge,
Des siècles percent le chaos :
Qu'il soit le modèle du sage,
Qu'il soit l'exemple des héros.

Sans avoir le pinceau d'Apelle,
Disciple de la vérité
J'ébauche le portrait fidèle
Que peindra la postérité.
Grand roi, que la France applaudisse
Aux vers de ma muse novice;
Il est pour eux un prix plus doux :
Vous pouvez d'un regard propice
Les rendre immortels comme vous.

ODE II

L'AMOUR ET LES NYMPHES

ODE ANACRÉONTIQUE

AUPRÈS d'une féconde source
D'où coulent cent petits ruisseaux,
L'Amour, fatigué de sa course,
Dormoit sur un lit de roseaux.

Les naïades sans défiance
S'avancent d'un pas concerté;
Et toutes, en un grand silence,
Admirent sa jeune beauté.

Ma sœur, que sa bouche est vermeille!
Dit l'une d'un ton indiscret.
L'Amour, qui l'entend, se réveille
Et se félicite en secret.

Il cache ses desseins perfides
Sous un air engageant et doux ;
Les nymphes, bientôt moins timides,
Le font asseoir sur leurs genoux.

Eucharis, Naïs et Thémire
Couronnent sa tête de fleurs.
L'Amour d'un gracieux sourire
Répond à toutes leurs faveurs.

Mais bientôt aux flammes cruelles
Qui brûlent la nuit et le jour
Ces indiscrètes immortelles
Connurent le perfide Amour.

Ah! rendez-nous, dieu de Cythère,
Disent-elles, notre repos :
Pourquoi le troubler, téméraire?
Nous brûlons au milieu des eaux.

Nourrissez plutôt sans vous plaindre,
Répond l'Amour, mes tendres feux :
Je les allume quand je veux;
Mais je ne saurois les éteindre.

ODE III

L'AMOUR PAPILLON

ODE ANACRÉONTIQUE

J UPITER, outré de colère
D'être blessé par Cupidon,
D'un regard lancé sur Cythère
Changea son fils en papillon.

D'abord en ailes azurées
On vit diminuer ses bras;
Ses dards, en des pattes dorées;
Il veut se plaindre et ne peut pas.

L'arc à la main, ce dieu perfide
Ne vole plus après les cœurs;
Mais, toujours le plaisir pour guide,
Il vole encor de fleurs en fleurs.

Enfin, touché de sa disgrâce,
Jupin lui dit : Consolez-vous,
Amour; j'excuse votre audace,
Ne méritez plus mon courroux.

Il change : ses flèches cruelles
Reprennent leur premier état;
Mais il conserve encor des ailes
Pour marque de son attentat.

Depuis, l'Amour, aussi volage
Que le papillon inconstant,
En un instant brûle et s'engage,
Et se dégage en un instant.

ODE IV

LES POÈTES LYRIQUES

A -T-ON vu l'aigle au vol rapide
Quitter le vaste champ de l'air
Pour raser d'une aile timide
Les bords arides de la mer?
Non : plus hardi dans sa carrière,
Jusqu'au séjour de la lumière
Il perce d'un vol assuré;
Et là, devenu plus tranquille,
Il soutient d'un œil immobile
Les feux dont il est entouré.

Ainsi les poètes célèbres,
Ainsi les esprits créateurs
Laissent ramper dans les ténèbres
Le peuple orgueilleux des auteurs
Ennemis des routes connues,
Ils volent au-dessus des nues;

Ils s'ouvrent le palais des dieux ;
Aussi promptes que la pensée,
Leurs muses, rivales d'Alcée,
Vont se reposer dans les cieux.

Pindare, ce peintre sublime,
Marche sans ordre et sans dessein ;
Ce n'est pas l'esprit qui l'anime,
C'est un dieu caché dans son sein :
Aux champs de Mars ce fier Tyrtée
Souffle le feu que Prométhée
Ravit au céleste séjour.
Plus grand encor, le seul Horace
Réunit la force, la grâce,
Et chante Bellone et l'Amour.

Qu'entends-je ? les sons de la lyre
Font taire les sistres gaulois ;
La raison règle le délire,
Et l'enthousiasme a des lois.
J'aperçois le sage Malherbe
Assis sur le trône superbe
De Stésichore et de Linus ;
Quinault, rempli de leur génie,
Accorde aux chants de Polymnie
Le luth de la tendre Vénus.

Rousseau paroît : Thèbes respire
Aux nouveaux accents d'Amphion ;
Neptune, au fond de son empire,
S'émeut à la voix d'Arion.

David renaît ; l'olympe s'ouvre ;
Dieu sur un trône se découvre
Au peuple dont il est l'appui.
Que tout s'abaisse et se confonde :
Les cieux, les âges et le monde
S'évanouissent devant lui.

Du maître immortel de la lyre
Tels sont les sublimes portraits :
Qu'il seroit grand si la satire
Avoit moins aiguisé ses traits,
Si plus souvent la douce ivresse
Du fameux vieillard de la Grèce
Déridoit son front sérieux,
Et si la main de la nature
Effaçoit l'empreinte trop dure
De ses efforts laborieux !

La Motte a peu senti la flamme
Dont brûloient ces chantres divers ;
Les vains éclairs de l'épigramme
Brillent trop souvent dans ses vers.
Plus philosophe que poète,
Il touche une lyre muette ;
La raison lui parle, il écrit :
On trouve en ses strophes sensées
Moins d'images que de pensées
Et moins de talent que d'esprit.

Foible disciple de Pindare,
Rival heureux d'Anacréon,

Le François chérit la guitare,
Que Sapho montoit pour Phaon.
Souvent la charmante Dione
Répète Thétis, Hésione,
Tancrède, Issé, les Éléments;
Et le dieu de la poésie
Chante l'hymne de Marthésie
Et les amours des Ottomans.

Fille aimable de la folie,
La chanson naquit parmi nous;
Souple et légère, elle se plie
Au ton des sages et des fous.
Amoureux de la bagatelle,
Nous quittons la lyre immortelle
Pour le tambourin d'Érato.
Homère est moins lu que Chapelle;
Et, si nous admirons Apelle,
Nous aimons Téniers et Watteau.

Heureux qui peut, comme Voltaire,
Chanter les belles et les dieux,
Voler de l'Olympe à Cythère,
De Paphos remonter aux cieux!
Né pour les arts, il les éclaire;
Et, maître du talent de plaire,
Il règne sur tous les esprits;
L'oiseau qui porte le tonnerre
Vient se délasser sur la terre
Avec les cygnes de Cypris.

Ma muse a chanté les Orphées,
Ma plume a décrit leurs travaux.
Un sage assis sur leurs trophées
Peut seul instruire leurs rivaux.
Esprit brillant, vaste génie,
Il tient le compas d'Uranie
Et la houlette du berger :
C'est à lui d'ouvrir la barrière
Et d'aplanir une carrière
Dont l'éclat couvre le danger.

L'empire françois et l'Europe,
Dans le tableau le plus touchant,
Offrent aux fils de Calliope
Un sujet digne de leur chant.
La foudre gronde sur nos têtes ;
Le bruit effrayant des tempêtes
Éclate longtemps dans les airs ;
La nuit étend ses voiles sombres ;
Mais le soleil, vainqueur des ombres,
Sort plus brillant du sein des mers.

Je vais rappeler la mémoire
De ce fameux événement :
Puisse le flambeau de l'histoire
L'éclairer éternellement !
Quel être plus puissant m'inspire ?
Où suis-je ? l'air que je respire
Devient plus serein et plus pur ;
Ravi sur la voûte éthérée,

A travers le vaste empyrée
Je vole sur un char d'azur.

Ciel ! l'éternelle intelligence
Qui dispose à son gré du sort,
Dieu, précédé de la vengeance,
Ouvre le temple de la mort ;
Lieu sombre, où la frayeur errante
Se traîne à la lueur mourante
D'un pâle et lugubre flambeau.
La mort, qui jamais ne se lasse,
Y trouve, à chaque instant qui passe,
La porte affreuse du tombeau.

Que l'homme l'implore ou la brave,
Rien ne touche son cœur d'airain ;
Dieu parle, elle accourt en esclave
A la voix de son souverain :
« Va, lui dit-il, punir la terre ;
Sois plus cruelle que la guerre.
Pars, vole, obéis à mes lois ;
Ravage, ébranle les empires ;
Et de l'horreur que tu respires
Va remplir le palais des rois.

Épargne les princes iniques,
Vils instruments de mon courroux ;
Épargne les rois tyranniques...
Frappe le plus juste de tous. »
Il dit, et la sœur de la parque
Cherche un père dans le monarque,

Un sage dans le conquérant ;
A cet accord rare et sublime
La mort reconnoît sa victime,
Déjà Louis est expirant.

Arrête, implacable furie,
Respecte des jours précieux ;
La voix, les vœux de la patrie
Peuvent encor monter aux cieux.
Vains soupirs ! le péril redouble ;
L'Europe attentive se trouble ;
Le Bavarois est consterné ;
Des temples les murs respectables
Répètent les cris lamentables
Du peuple aux autels prosterné.

Prince, qui défendra le titre
Que brigue ton fier oppresseur ?
L'Europe n'aura plus d'arbitre,
Les rois perdront leur défenseur.
Les cieux sont-ils impénétrables ?
Et les plaintes des misérables
S'égarent-elles dans les airs ?
Non, non, leur voix est entendue :
La santé, du ciel descendue,
Rend un héros à l'univers.

Déjà l'Alsace délivrée
Change ses cyprès en lauriers,
Et la victoire rassurée
Vole au-devant de nos guerriers.

O douce paix, vierge céleste,
Après une guerre funeste
Sur nous vous règnerez encor :
Le temps des orages s'écoule,
Les plaisirs descendènt en foule,
Assis sur des nuages d'or.

Tels sont les sujets mémorables
Que choisissoit l'antiquité :
Dans ses trávaux toujours durables,
Elle instruit la postérité.
Imitons son exemple utile ;
Enfants d'Horace et de Virgile,
Immortalisons les vertus ;
Et peignons le roi le plus juste,
Ami des beaux-arts comme Auguste,
Et bienfaisant comme Titus.

ÉPITRES

EPITRES

ÉPITRE PREMIERE

SUR LE GOUT

A M. LE DUC DE NIVERNOIS

S AGES sans lois, brillants sans imposture,
Coulez mes vers, enfants de la nature :
N'affectez rien ; que la main du hasard
Amène tout, jusqu'aux règles de l'art.
Le naturel est le sceau du génie,
L'appui du goût, l'âme de l'harmonie.
Sacrifiez à la simplicité
Le faux éclat d'un style *brillanté*,
Rayon subit, étincelle imprévue,
Qui frappe, étonne, et jamais ne remue.

N'imitez pas ce jargon languissant,
Ces vains essais d'un poète impuissant,
Qui, destructeur des jardins de Cythère,
Ne peut sans rose habiller sa Glycère.
Fuyez encor les tours trop délicats,
Des *concetti* l'inutile fracas,
Tous les faux jours des *tournures* nouvelles,
D'un fade auteur pénibles bagatelles.
En aiguisant, en limant de trop près,
L'art affoiblit la pointe de ses traits ;
Trop de recherche avilit la peinture,
Et d'un tableau fait une miniature.
　　Lorsqu'Arachné, sur des métiers divers,
L'aiguille en main, coloroit l'univers,
Que de l'Olympe elle étendoit le voile,
Ou captivoit l'Océan sur la toile ;
Le goût du vrai, mariant ses couleurs,
Leur ménageoit le teint même des fleurs,
Ce velouté, cette aimable jeunesse
Dont la fraîcheur fait toute la richesse :
Il leur donnoit ce ton de vérité,
Original, s'il est bien imité ;
Cet ordre prompt ou lent dans les nuances
Qui semble unir et lier les distances,
Associer le soleil à la nuit,
Et joindre l'ombre au jour qui la détruit.
Par le succès Arachné pervertie
Avec le goût perdit la modestie,
Et, défiant la rivale de Mars,
Lui disputa l'empire des beaux-arts.
Mais son orgueil annonçoit sa foiblesse ;

Un seul regard lancé par la Sagesse
Anéantit l'ouvrage et le talent. :
Arachné change, et son corps chancelant
Devient bientôt un insecte inutile,
D'un vain réseau réparateur futile.
Que de trésors par Arachné perdus !
L'art seul lui reste, ou plutôt son abus :
De ses filets la trame déliée,
A nos lambris adroitement liée,
Offre un travail moins heureux que fini ;
A force d'art, l'art lui-même est banni.

Il est encor des talents dans la France
Qui des neuf Sœurs nourrissent l'espérance.
Mais je croirois qu'au frivole inclinés
De la nature ils se sont détournés.
Se pourroit-il, François, que notre verve
Eût réveillé le courroux de Minerve ;
Qu'on eût fondu l'or du siècle passé
Pour y mêler un clinquant effacé ?
Le naturel s'est usé sous la lime ;
La symétrie a banni le sublime ;
Et la clarté, ce flambeau du discours,
Pâlit, s'éteint et fait place aux faux jours.

Trop de finesse affadit la saillie
De la piquante et sincère Thalie ;
Dans un travail inutile à nos mœurs,
Plus d'un Newton sépare leurs couleurs,
Le prisme en main marque leurs différences
Et nous égare en leurs foibles nuances.
L'art trop heureux d'instruire et d'amuser
Est devenu l'art de subtiliser

L'art de donner, au gré de l'imposture,
Tout à l'esprit et rien à la nature.
On ne rit plus, on sourit aujourd'hui ;
Et nos plaisirs sont voisins de l'ennui.
Pourquoi faut-il que Melpomène en larmes,
Le cœur rempli de tragiques alarmes,
Et des transports d'un amour inhumain,
S'abaisse et vienne, un creuset à la main,
Analyser les transports de sa flamme,
Armer ses vers du sel de l'épigramme,
De sa douleur combiner les regrets,
Peindre toujours, n'intéresser jamais,
A l'antithèse enchaîner la maxime,
Et tendre plus au succès qu'à l'estime ?
　　Plût aux neuf Sœurs qu'un Amphion nouveau
Avec Lulli conciliât Rameau ;
Que, bannissant l'envie et la satire,
On accordât les accents de leur lyre !
Le dieu de Gnide et le dieu des concerts
Ont inspiré ces deux chantres divers :
L'un, du bon goût protecteur et modèle,
Est de nos cœurs l'interprète fidèle;
L'autre, échauffé par le concert des corps,
Rend avec feu leurs physiques accords.
Que de l'amour l'un chante les ravages ;
L'autre les mers, la foudre et les orages.
　　J'aurois voulu que le dieu des romans
Eût épuré la langue des amants ;
Que le remords, persécuteur du vice,
Fût son remède autant que son supplice.
L'amour si fourbe est pourtant ingénu :

Libre, immodeste, il rougit d'être nu.
D'un ton naïf peignez son imposture ;
Que la pudeur préside à la peinture :
C'est un enfant, mais un enfant armé,
Tyran jaloux du cœur qu'il a charmé ;
Cruel, perfide, il sourit quand il blesse :
Changez de ton, s'il change de foiblesse.

J'aurois aimé que, féconde en ses tours,
Pleine d'un feu qui s'anime toûjours,
Notre éloquence eût eu plus d'harmonie,
Moins de recherche et plus de vrai génie ;
Que, noble et forte, elle eût marqué ses traits,
Du Titien imité les portraits,
Et de Rubens ravi le pinceau mâle.
Voyez Hercule et le jeune Céphale.
Terrible et fier, l'un porte dans ses mains
Et le repos et l'effroi des humains :
Un sourcil noir ombrage sa paupière ;
Son œil enfante et répand la lumière ;
Et son front large, inquiet et troublé,
Soutient des dieux le palais ébranlé :
Tel est Alcide. Amoureux de l'Aurore,
Céphale attend que l'Olympe se dore :
Il abandonne aux zéphyrs, à leurs jeux,
Le soin trop vain d'arranger ses cheveux :
Au point du jour ses tresses dénouées
Dans les forêts flottent abandonnées ;
Sans artifice, aimable, intéressant,
Il communique un transport qu'il ressent.
Enfants des arts, entre ces deux images
Décidez-vous : distinguez vos ouvrages.

Ou par les traits, ou par le coloris :
Le naturel assurera leur prix.
Mais en fuyant la vaine dépendance
De l'art stérile, évitez l'abondance ;
Qu'un voile simple entoure vos appas :
Embellissez, ornez, ne chargez pas.
Pères féconds, sacrifiez sans peine
Tous les enfants qu'une facile veine
Produit sans choix, enfante sans dessein :
Ou laissez-les mûrir dans votre sein.
Si vous voulez imiter la nature,
Il faut du luxe abjurer l'imposture ;
Débarrassez vos sens appesantis
Des faux plaisirs qui les ont pervertis.
Au fond des cœurs le sentiment sommeille ;
Le bruit des arts l'excite et le réveille ;
Mais à leur pompe attentif par effort,
Il en gémit, succombe et se rendort.
Comment ranger sous de justes idées
Des passions qu'on ne voit que fardées ?
Comment goûter et peindre les plaisirs ?
On ne connoît que l'excès des désirs ;
En les outrant on cherche à les éteindre :
Il faut sentir pour savoir l'art de peindre,
Et de nos cœurs étendre dans autrui
Ce pur rayon du feu qui nous a lui.
    De la nature enfants moins indociles,
Les plaisirs purs n'étoient que plus faciles ;
Mais, pour remplir notre cœur inconstant,
Du vrai bonheur l'art recula l'instant.
Les biens voisins perdirent leur amorce :

Plus éloignés, ils eurent plus de force ;
Nos sentiments plus vifs furent moins doux,
Le cœur moins tendre, et l'amour plus jaloux.

Heureux celui dont l'âme moins vulgaire
Cherche de Pan le temple solitaire ;
Qui, revenu des modernes erreurs,
Connoît le prix des jardins et des fleurs,
D'un jeune ormeau dont la tête naissante
Soutient déjà la vigne languissante ;
Qui, des oiseaux écoutant les chansons,
Rime des vers aussi doux que leurs sons ;
Dont les vertus, au simple accoutumées,
Du monde au loin contemplent les fumées ;
Qui, libre enfin sous un toit fortuné,
Voit devant lui l'univers enchaîné !

Toi, qui, nourri dans le sein du grand monde,
Aimes les fleurs, le murmure de l'onde,
Les chants naïfs des bergers ingénus ;
Toi, dont les goûts sont amis des vertus,
Reçois des vers que ma muse en hommage
Refuse au grand et n'accorde qu'au sage !
Si de ton sel ils languissent privés,
Que dans tes mains ils brillent achevés ;
Mes sentiments, aussi purs que ton style,
Rendront du moins l'hommage moins stérile.

ÉPITRE II

SUR LES MŒURS

A M. LE BARON DE MONTMORENCY

Si tes aïeux les connétables,
Si les Coucis, les Châtillons,
Et tant de héros respectables
Dont Plutus usurpe les noms,
Du fond de leurs tombeaux funèbres,
Où la mort les tient enchaînés,
S'offroient, vainqueurs de leurs ténèbres
Aux yeux des François étonnés ;
Quelle tristesse pour des hommes
Si fiers, si simples et si grands,
De voir, dans le siècle où nous sommes,
Le luxe confondre les rangs ;
De voir tant de flatteurs commodes
Encenser nos folles erreurs,
Et sur l'inconstance des modes
Régler le principe des mœurs ;
Aux traits de la plaisanterie

De voir le zèle assujetti,
L'amour sacré de la patrie
En paradoxe converti,
La religion en problème,
Le sophisme en raisonnement,
L'affreux pyrrhonisme en système,
Et la débauche en sentiment ;
De voir la beauté dissolue
Proscrire par des ris moqueurs
La flamme tendre et retenue
Qui brûloit jadis dans les cœurs,
Et, toujours foible sans tendresse,
Toujours vive sans passion,
Immoler à l'illusion
L'honneur, la gloire et la sagesse ;
De voir enfin la volupté,
Esclave de l'hypocrisie,
Sacrifier par vanité
Les plaisirs permis de la vie,
Pour servir dans l'obscurité
L'intempérance, la folie,
Et les vices que multiplie
L'espoir de leur impunité !
Quels jours, diroient ces fières ombres,
Ont suivi nos âges heureux !
Quels voiles, quels nuages sombres
Couvrent le front de nos neveux !
C'est la vertu, non la naissance,
Qui rend les héros immortels ;
Et leurs monuments qu'on encense
Sont devenus par sa puissance

Moins des tombeaux que des autels.
Eh ! pourquoi les noms que vos pères
Ont illustrés dans les combats
Deviendroient-ils héréditaires,
Si leurs vertus ne le sont pas ?
Vos mœurs n'ont plus que la surface
Du vrai, de l'honnête et du beau ;
Votre amour est une grimace,
Votre zèle un piège nouveau.
L'esprit mêlé dans tous vos vices
Leur donne un ton de dignité
Qui dérobe à des yeux novices
L'horreur de leur difformité.
La haine conduit sur vos traces
Le fantôme de l'amitié ;
La noirceur, par la main des Grâces,
Étouffe, en riant, la pitié.
Quelle différence d'usages,
Et quels contrastes dans les cœurs !
Le temps avec de nouveaux âges
Amène de nouvelles mœurs.
Notre probité plus chrétienne
Joignoit sans art et sans éclat
La fermeté stoïcienne
A la franchise du soldat.
Moins fastueux dans nos promesses,
Moins simulés dans nos refus,
Nous ignorions l'indigne abus
De colorer par des souplesses
Une amitié qu'on ne sent plus ;
De fasciner par des finesses

Les yeux pénétrants des Burrhus ;
Sous les dehors des Régulus,
De cacher les armes traîtresses
Et les noirceurs des Manlius ;
De conserver dans les bassesses
L'air indépendant des Brutus
Et le langage des Lucrèces
Dans le culte impur de Vénus.
    Le peuple voyoit sans murmure
Le pouvoir des grands et des lois.
Assujettie à ses emplois,
Jadis l'opulente roture
N'osoit aspirer à nos droits :
L'or n'illustroit pas autrefois ;
Et la noblesse, alors plus pure,
Naissoit dans le sein des exploits.
Quels jours oisifs pour les critiques !
Mars anoblissoit les vainqueurs ;
Point de contrats problématiques ;
Plus clairs, plus vrais, plus authentiques,
Les titres étoient dans les cœurs.
Alors nos chars, dans la carrière
Conduits par le faste et le bruit,
N'écrasoient pas sur la poussière
Ce peuple avide qui vous suit.
Mais la fierté mâle et guerrière,
Le zèle ardent, l'amour des lois,
Du Louvre entr'ouvroient la barrière
Et nous annonçoient à nos rois.
    Ami, ce portrait véridique,
Si digne de nos bons aïeux,

N'est pas le travail fantastique
D'un cerveau foible et vaporeux ;
On n'y suit point du premièr âge
Le roman tant de fois cité,
Ni le pédantesque étalage
Des beaux jours de l'antiquité.
C'est un tableau que les Joinvilles
Et les Comines ont tracé,
Qui par le faste de nos villes
Est terni, sans être effacé.
Ces âges, traités de gothiques,
Étoient les âges des Bayards :
Siècle de la gloire et de Mars,
Où les vertus, moins politiques,
Régnoient à la place des arts.
Les François, nourris dans les armes,
Invitoient Bellone à leurs jeux ;
Les ris s'unissoient aux alarmes ;
L'Amour, devenu belliqueux,
Sous l'acier déroboit ses charmes
Et les trésors de ses cheveux.
Alors la tranquille innocence
Étoit compagne des plaisirs,
Et l'on vouloit que la décence
Fût l'interprète des désirs.
Mais cette vertu fabriquée,
Qu'affichent encor les mortels,
N'est plus qu'une idole tronquée
Qui déshonore les autels.
La politesse est une écorce
Qui couvre un cœur fourbe ou léger ;

Le ton du monde est une amorce
Qui nous en cache le danger ;
Le savoir, un vain étalage
De mémoire et de vanité ;
Notre raison, un badinage
Où succombe la vérité.
Mais comme l'esprit assaisonne
Et nos vices et nos erreurs,
Avec succès on déraisonne,
Avec grâce on flétrit les mœurs.
Oh ! j'aime mieux la *courtoisie*
De nos antiques chevaliers,
Que le fiel mêlé d'ambroisie
De nos voluptueux guerriers.
L'encens que brûlaient pour leurs *dames*
Ces amis de la vérité
Faisoit l'éloge de leurs flammes
Et du pouvoir de la beauté..
Mais cette gloire diffamante
Qu'on cherche dans le changement
Est, à la honte de l'amante,
Un vice applaudi dans l'amant.
   Illustre ami, que de folie,
Que de néant dans les esprits !
Tous les excès qu'on multiplie
Sont prévenus par tes mépris ;
D'un œil philosophe et tranquille
Tu vois les intrigues des cours :
Que ton exemple, un jour utile,
En arrête à jamais le cours
Une divinité volage

Nous anime et nous conduit tous ;
C'est elle qui dans le même âge
Renouvelle cent fois nos goûts :
Ainsi, pour peindre l'origine
De nos caprices renaissants,
Regarde une troupe enfantine,
Qui, par des tuyaux différents,
Dans l'onde où le savon domine
Forme des globes transparents.
Un souffle à ces boules légères
Porte l'éclat brillant des fleurs,
De leurs nuances passagères
Un souffle nourrit les couleurs.
L'air qui les enfle et les colore,
En voltigeant sous nos lambris,
Leur donne ou la fraîcheur de Flore,
Ou le teint ambré de l'Aurore,
Ou le vert inconstant d'Iris.
Mais ce vain chef-d'œuvre d'Éole,
Qu'un souffle léger a produit,
Dans l'instant qu'il brille et qu'il vole,
Par un souffle s'évanouit.

François, connoissez votre image :
Des modes vous êtes l'ouvrage,
Leur souffle incertain vous conduit.
Vous séduisez ; l'on rend hommage
A l'illusion qui vous suit ;
Mais ce triomphe de passage,
Effet rapide de l'usage,
Par un autre usage est détruit.

ÉPITRE III

CONTRE LE LIBERTINAGE

A M. LE C. DE ***

Vous qui savez donner les couleurs les plus sages
Aux traits les plus hardis, aux plus vives images,
Exécutez le plan que vous m'avez tracé,
Et guidez un pinceau dans mes mains déplacé.
   Cette trompeuse erreur dont le monde est l'empire,
Plus aimable à saisir que facile à décrire,
Rivale de l'amour et sœur de la beauté,
A qui Vénus donna le nom de volupté,
Dans un cercle rempli de jeunes Sybarites,
Célébroit les douceurs des lois qu'elle a prescrites,
Contente si les cœurs lui portent pour tributs
Des plaisirs ignorés, ou de nouveaux abus.
Chaque moment ajoute au charme de l'entendre;
Sa voix devient plus douce, et sa beauté plus tendre;
Un sceptre de cristal arme ses jeunes mains,

Et ce sceptre agité fait mouvoir les humains ;
Quand tout à coup les chants des faunes, des bacchantes,
Annoncent à grand bruit le dieu des corybantes ;
Bacchus vient sur son char demander en vainqueur
Et la main de la nymphe, et son trône, et son cœur.
Le satyre enivré, la ménade effrénée,
Sur leurs sistres aigus célèbrent l'hyménée ;
La volupté soupire, et d'un œil languissant
Invoque en vain l'amour et cède en rougissant.
A cet hymen forcé les sylvains applaudirent,
Tous les bois d'alentour à leurs cris répondirent ;
Et le ciel en courroux maudit le monstre affreux
Que devoit mettre au jour ce couple malheureux :
Bientôt l'événement confirma le présage.

Des amours de Bacchus naît le libertinage,
Monstre dont les progrès rapides et constants
S'étendent sans efforts et résistent au temps ;
Ses beaux yeux sont remplis des charmes de sa mère ;
Son cœur foible est ouvert aux excès de son père ;
Fourbe, il prend de l'amour et l'enfance et les traits ;
La raison se déride en voyant ses attraits.
La jeunesse le suit sur la foi de ses charmes,
Badine avec son arc, se joue avec ses armes,
Serre, brise ses nœuds avec facilité,
Et, prise dans ses fers, se croit en liberté.
Tranquille, elle sourit au dieu qui la caresse ;
Dans ses bras amoureux l'imprudente le presse :
Quand tout à coup, saisis d'une douce langueur,
Ses bras sont accablés sous le poids du vainqueur.
A ce trouble inconnu la jeunesse alarmée
Veut éviter les traits du dieu qui l'a charmée ;

Mais, hélas! ses combats se changent en plaisirs,
Ses craintes en espoir, ses remords en désirs.
Confuse, elle retombe au milieu de ses chaînes;
Un charme involontaire accompagne ses peines;
Elle voudroit haïr, elle ne peut qu'aimer;
Son cœur cherche le calme et se laisse enflammer.
C'est alors qu'à ses yeux se découvre l'abîme :
Mais un chemin de fleurs la conduit jusqu'au crime;
Le voile de l'erreur tombe enfin sur ses yeux,
Et les vertus en pleurs s'envolent dans les cieux.
Insensible aux leçons, aux cris de la sagesse,
La jeunesse se livre au vainqueur qui la blesse;
Alors de faute en faute, et d'erreur en erreur,
En épuisant le crime elle accroît son ardeur;
Du poids de la raison son âme délivrée
Au torrent des amours s'abandonne enivrée.
Lois, sagesse, pudeur, mœurs, principes, vertus,
A l'aspect du plaisir qu'êtes-vous devenus?
Le temps suit la jeunesse; il la presse, il l'arrête,
Et blanchit les trésors qui couronnoient sa tête.
Le plaisir est détruit, l'amour n'a plus de traits;
Mais l'habitude reste, au défaut des attraits;
Le mépris, le dégoût, remplissent sur ses traces
Le trône qu'occupoient les talents et les grâces;
Et la mort tranche enfin des jours infortunés
Dans le sein des amours si longtemps profanés.
   Fils chéri de Bacchus, trompeur libertinage,
A ces honteux excès tu connois ton ouvrage;
Couché sur des gazons qu'épargnent les hivers,
Tu ris de voir le monde en proie à ces travers;
Viens toi-même éclairer l'excès de ta folie

Dans ces lieux où la France imite l'Italie [1].

Lucinde et Cidalis, par l'hymen enchaînés,
Volent aux jeux publics, de myrtes couronnés.
Lucinde à la douceur ajoute la finesse :
Le parterre charmé contemple sa jeunesse,
De ses regards errants démêle le motif,
Et, de son innocence, arbitre décisif,
Fixe sans balancer le moment de sa chute.
Bientôt la toile vole et l'arrêt s'exécute.
Un essaim de flatteurs perfides, mais charmants,
Qui, sans vouloir aimer, portent le nom d'amants,
Brillent dans les balcons et volent autour d'elle ;
Dans leurs discours légers la saillie étincelle,
L'art d'orner le frivole et d'embellir les riens
Sème de mille fleurs leurs brillants entretiens.
A tous leurs mouvements Lucinde intéressée
Cherche à déterminer son âme embarrassée.
Art de Sémiramis, miracles de Linus,
Charmes d'Anacréon, prestiges de Vénus,
Plaisir touchant des pleurs, sentiment de la joie,
Tout ce qui plaît, qui charme, à ses yeux se déploie :
Elle cède, elle perd un reste de fierté
Et prépare son cœur à l'infidélité.
Dans les sombres détours d'une scène éclatante
L'époux a prévenu son épouse inconstante ;
Et sa main libérale achète au plus haut prix
Un repentir suivi de honte et de mépris.
Du spectacle au souper le jeu remplit l'espace :
La nuit se lève en vain, un jour nouveau l'efface.

1. L'Opéra.

Bientôt dans un salon par Comus éclairé;
On vole à ce festin si longtemps désiré,
Ordonné par le luxe et la délicatesse,
Apprêté par le goût, loué par la mollesse.
Là, tous les sens, flattés sans être satisfaits,
S'aiguisent par degrés, ne s'émoussent jamais ;
Au troisième nectar que verse la folie,
L'âme s'épanouit, la langue se délie ;
Et l'esprit, libre enfin au milieu de ses fers,
Vole avec le champagne et le suit dans les airs.
Alors les traits malins de la plaisanterie
Troublent de la raison la sage rêverie :
Qu'elle règne, dit-on, quand le soleil nous luit.
Le flambeau de l'amour est l'astre de la nuit.
Ainsi tous les excès sous un masque commode
Se glissent sourdement et se tournent en mode.
Il suffiroit alors, pour étendre leur cours,
Qu'un écrit scandaleux leur prêtât son secours.
   Le monde a de son sein exilé la science ;
Mais il sait par l'usage ennoblir l'ignorance;
Il prête à nos discours ce vernis animé,
Ce ton enfin, ce ton plus senti qu'exprimé.
Cependant, sur la foi d'un certain formulaire,
Il voile nos défauts et donne l'art de plaire ;
De l'esprit, du mérite, arbitre universel,
Il condamne à la hâte et juge sans appel.
Quelques foibles secours puisés dans la lecture,
Quelques faits recueillis dans une source impure,
Sont la base et le fonds de ce juge insensé,
Paresseux à s'instruire, à corrompre empressé.
O vous qui, satisfaits de vos courtes lumières,

Ne cherchez, n'enlevez que la fleur des matières,
Laissez en d'autres mains les fardeaux accablants,
Et ne surchargez pas vos débiles talents.
Et vous, de qui les soins bornés à la parure
Retranchent à l'esprit toute sa nourriture,
Qui, le bras appuyé sur un pompeux carreau,
Arrangez la nature en tournant le fuseau,
Croyez que ces auteurs dont votre âme est charmée
Ont le cœur d'un Titan et les bras d'un Pygmée.
Leur exemple entraîna votre esprit libertin ;
Connoissez leurs erreurs et tremblez pour leur fin.
Ils n'ont jamais senti le solide avantage
De rendre aux lois, aux dieux, un légitime hommage.
Ils ont vu que le monde offroit tout son encens
A la beauté du jour, à l'idole des sens ;
Qu'à peine quelques grains conservés en silence
Fumoient obscurément aux pieds de l'innocence,
Et qu'enfin les autels d'Amour et de Plutus
Avoient rendu désert le temple des vertus.
Ils ont vu Flore errante, Arphise à demi nue,
S'engager sans pudeur, rompre sans retenue,
Remplir le monde entier de leurs égarements,
Et compter en un mot leurs jours par leurs amants.
Ils ont vu triompher ces tyrans des familles,
Ces fameux corrupteurs des mères et des filles,
Qui, galants sans décence, amoureux sans désirs,
Ne cherchent que l'éclat dans le sein des plaisirs ;
Qui, loin d'ensevelir la liste de leurs crimes,
Exposent au grand jour le nom de leurs victimes.
Ils ont dans cette école accoutumé leurs cœurs
A flatter la licence, à mépriser les mœurs,

A tolérer le vice, et non le ridicule,
A couronner l'excès, à siffler le scrupule,
A ne connoître enfin, esclaves factieux,
Que leurs penchants pour lois, et leurs plaisirs pour dieux.

ÉPITRE IV

SUR L'INDÉPENDANCE

Qui foule aux pieds l'orgueil, le luxe et l'abondance,
Qui vit content de peu, connoît l'indépendance;
Au dessus de la crainte, au-dessus de l'espoir,
La règle de son cœur est la loi du devoir.
Juge sans passion, censeur sans amertume,
Aux fureurs des partis il ne vend point sa plume;
En prodiguant le fiel et l'encens tour à tour,
Il ne sait point servir et la haine et l'amour.
Des rayons de la foi son âme pénétrée
Aux conseils de l'erreur a fermé toute entrée;
Trop fier, trop vertueux pour adorer les grands,
Il pèse avec sagesse et les noms et les rangs.
Son esprit éclairé craint qu'on ne le soupçonne
De confondre à la fois le titre et la personne;
Et qui veut mériter son culte et ses tributs
A la place des noms doit offrir des vertus.
Né pour l'obéissance, et non pour l'esclavage,

Du temple au pied du trône il porte son hommage,
Et lorsque sa raison s'arme contre la loi,
Il l'enchaîne aux autels et l'immole à la foi.
Mais ne supposez pas qu'un zèle fanatique
Couvre de ses desseins la marche politique;
Spectateur inconnu dans ce vaste univers,
Ses yeux sur les grandeurs sont foiblement ouverts;
Il n'est rien dans les cours qu'il adore ou qu'il brave :
Outrager est d'un fou, flatter est d'un esclave.
Il faut bannir l'audace et non la liberté,
La balance à la main peser la vérité,
Ne jamais applaudir aux foiblesses des hommes,
Ne point trop éclairer le néant où nous sommes;
Et, respectant toujours le pontife et les rois,
Nous taire, mais oser faire parler les lois.

    C'est ainsi que, soumis au joug de la prudence,
Nous soutenons les droits de notre indépendance,
Ami, lorsque l'hiver, entouré de frimas,
Souffle du fond du nord la glace en nos climats;
Lorsqu'assis sous un toit où les muses président,
Où la vérité parle, où les fronts se dérident,
Éclairés par l'histoire, amusés par les vers,
A notre tribunal nous citons l'univers.

    La cour offre à nos yeux de superbes esclaves,
Amoureux de leur chaîne et fiers de leurs entraves,
Qui, toujours accablés sous des riens importants,
Perdent leurs plus beaux jours pour saisir des instants.
Qu'il est doux de les voir, dévorés d'amertume,
S'ennuyer par état et ramper par coutume,
Tomber servilement aux pieds des favoris,
Des biens du malheureux mendier les débris,

Et, du vil intérêt ministres et victimes,
Perdre dans les revers le fruit de tant de crimes !
   Heureuse, disons-nous, la douce obscurité,
Qui des fers de la cour sauve la probité !
Mais plus heureuse encor la sagesse constante
D'un mortel tout-puissant que nul appât ne tente ;
Qui, semblable à Burrhus, vertueux sans orgueil,
Évite le danger sur le bord de l'écueil ;
Qui, dans les flots bruyants d'une cour importune,
Aux pieds de la justice enchaîne la fortune !
   Un esprit libre et sage erre avec sûreté
Dans les cercles divers de la société :
Sévère sans aigreur et fier sans insolence,
Vif sans emportement, calme sans indolence,
Exact observateur de l'usage inconstant,
Il s'abaisse à propos, se resserre ou s'étend.
Pour la seule vertu toujours invariable,
Il souffre les méchants sans devenir coupable :
Tel l'astre bienfaisant qui règle les saisons
Éclaire un lac impur sans souiller ses rayons.
   Prêtons-nous sagement aux misères humaines,
Plaignons l'homme captif sans partager ses chaînes ;
Ami, n'achetons point aux dépens des vertus
L'inconstante faveur de l'aveugle Plutus.
Un dieu sage a pesé dans la même balance
Les différents états de l'humaine opulence.
Loin de l'aisance honnête il bannit les remords :
Il joint la peine aux rangs et les soins aux trésors ;
Et, pour nous conserver une âme non commune,
Son bras de nos foyers écarte la fortune.
Évitons les erreurs de l'indocilité

Et les honteux excès de la crédulité.

Que je vous plains, ô vous, dont l'esprit tributaire,
De qui veut l'asservir esclave volontaire,
Prêt à tout soutenir comme à tout renverser,
Attend avec respect un ordre pour penser !
Vous, intrigants obscurs, ambitieux reptiles,
Asservis dès l'enfance à des dehors utiles,
Qui marchez vers le trône à l'ombre des autels,
Et ne chantez les dieux que pour plaire aux mortels;
Et vous, froids complaisants, dont l'âme mercenaire
Épouse sans remords le vice qui peut plaire,
Flexibles instruments des passions d'autrui,
Vivez dans l'esclavage et mourez dans l'ennui.
J'aime mieux un tilleul que la simple nature
Élève sur les bords d'une onde toujours pure,
Qu'un arbuste servile, un lierre tortueux,
Qui surmonte en rampant les chênes fastueux.

ÉPITRE V

SUR L'AMOUR DE LA PATRIE

JE vous salue, ô terre où le ciel m'a fait naître[1],
Lieux où le jour pour moi commença de paroître,
Quand l'astre du berger, brillant d'un feu nouveau,
De ses premiers rayons éclaira mon berceau !
Je revois cette plaine où des arbres antiques
Couronnent les dehors de nos maisons rustiques,
Arbres, témoins vivants de la faveur des cieux,
Dont la feuille nourrit ces vers industrieux
Qui tirent de leur sein notre espoir, notre joie,
Et pour nous enrichir s'enferment dans leur soie.
Trésor du laboureur, ornement du berger,
L'olive sous mes yeux s'unit à l'oranger.
Que j'aime à contempler ces montagnes bleuâtres

1. Cette épitre a été commencée auprès du Pont-Saint-Esprit en Languedoc. (*Édit. de 1752.*)

Qui forment devant moi de longs amphithéâtres,
Où l'hiver règne encor quand la blonde Cérès
De l'or de ses cheveux a couvert nos guérets !
Qu'il m'est doux de revoir sur des rives fertiles
Le Rhône ouvrir ses bras pour séparer nos îles,
Et, ramassant enfin ses trésors dispersés,
Blanchir un pont bâti sur ses flots courroucés ;
D'admirer au couchant ces vignes renommées
Qui courbent en festons leurs grappes parfumées ;
Tandis que vers le nord des chênes toujours verts
Affrontent le tonnerre et bravent les hivers !
Je te salue encore, ô ma chère patrie !
Mes esprits sont émus ; et mon âme attendrie
Échappe avec transport au trouble des palais,
Pour chercher dans ton sein l'innocence et la paix.
C'est donc sous ces lambris qu'ont vécu mes ancêtres !
Justes pour leurs voisins, fidèles à leurs maîtres,
Ils venoient décorer ces balcons abattus,
Embellir ces jardins, asiles des vertus,
Où sur des bancs de fleurs, sous une treille inculte,
Ils oublioient la cour et bravoient son tumulte !
Chaque objet frappe, éveille et satisfait mes sens ;
Je reconnois les dieux au plaisir que je sens.
Non, l'air n'est point ailleurs si pur, l'onde si claire ;
Le saphir brille moins que le ciel qui m'éclaire ;
Et l'on ne voit qu'ici, dans tout son appareil,
Lever, luire, monter, et tomber le soleil.
  Amour de nos foyers, quelle est votre puissance !
Quels lieux sont préférés aux lieux de la naissance ?
Je vante ce beau ciel, ce jour brillant et pur
Qui répand dans les airs l'or, la pourpre et l'azur,

Cette douce chaleur qui mûrit, qui colore
Les trésors de Vertumne et les présents de Flore ;
Un Lapon vanteroit les glaces, les frimas
Qui chassent loin de lui la fraude et les combats ;
Libre, paisible, heureux, dans le sein de la terre,
Il n'entend point gronder les foudres de la guerre.
Quels stériles déserts, quels antres écartés
Sont pour leurs habitants sans grâce et sans beautés ?
Virgile abandonnoit les fêtes de Capoue
Pour rêver sur les bords des marais de Mantoue ;
Et les rois indigents d'Ithaque et de Scyros
Préféroient leurs rochers aux marbres de Paros.
   En vain l'ambition, l'inquiète avarice,
La curiosité, le volage caprice,
Nous font braver cent fois l'inclémence des airs,
Les dangers de la terre et le péril des mers :
Des plus heureux climats, des bords les plus barbares,
Rappelés sourdement par la voix de nos Lares,
Nous portons à leurs pieds ces métaux recherchés
Qu'au fond du Potosi les dieux avoient cachés.
Assis tranquillement sous nos foyers antiques,
Nous trouvons dans le sein de nos dieux domestiques
Cette douceur, ce calme, objet de nos travaux,
Que nous cherchions en vain sur la terre et les eaux.
   Tel est l'heureux effet de l'amour de nous-même :
Utile à l'univers quand il n'est point extrême,
Cet amour, trop actif pour être concentré,
S'échappe de nos cœurs, se répand par degré
Sur nos biens, sur les lieux où nous prîmes naissance,
Jusque sur les témoins des jeux de notre enfance.
C'est lui qui nous rend cher le nom de nos aïeux,

Les destins inconnus de nos derniers neveux,
Et qui, trop resserré dans la sphère où nous sommes,
Embrasse tous les lieux, enchaîne tous les hommes.
L'amour-propre a tissu les différents liens
Qui tiennent enchaînés les divers citoyens :
L'intérêt personnel, auteur de tous les crimes,
De l'intérêt public établit les maximes.
Oui, lui seul a formé nos plus aimables nœuds :
Nos amis ne sont rien, nous nous aimons en eux.
Vous qui nommez l'amour une étincelle pure,
Un rayon émané du sein de la nature,
Détruisez une erreur si chère à vos appas.
Aimeroit-on autrui, si l'on ne s'aimoit pas ?
Ces transports renaissants à l'aspect de vos charmes,
Ces soins mêlés de trouble et ces perfides larmes,
Sont des tributs trompeurs qu'un amant emporté
Offre au dieu des plaisirs bien plus qu'à la beauté.
  L'amour des citoyens ne devient légitime
Que par le bien public qui le règle et l'anime.
Malheur aux cœurs d'airain qui tiennent en prison
Un feu né pour s'étendre au gré de la raison,
Un amour dangereux que l'intérêt allume,
Qui, trop longtemps captif, s'irrite et nous consume,
Tels les terribles feux dont brûlent les Titans,
Comprimés par la terre, enfantent les volcans.
Ainsi vit-on jadis, dans Rome et dans Athènes,
Le peuple heureux et libre, ou courbé sous les chaînes,
Selon que l'amour-propre, obéissant aux lois,
De la patrie en pleurs reconnoissoit la voix.
Ainsi dans tous les temps l'intérêt domestique
A balancé le poids de la cause publique.

Amour de la justice, amour digne de nous,
Embrasez les mortels, croissez, étendez-vous;
Consumez, renversez ces indignes barrières,
Ces angles meurtriers qui bordent les frontières,
Ces remparts tortueux, et ces globes de fer
Qui vomissent sur nous les flammes de l'enfer.
Faut-il que nos fureurs nous rendent nécessaires
Les glaives que forgea l'audace de nos pères?
Faut-il toujours attendre ou craindre des revers,
Et gémir sur le bord de nos tombeaux ouverts?
   O mœurs du siècle d'or, ô chimères aimables,
Ne saurons-nous jamais réaliser vos fables?
Et ne connoîtrons-nous que l'art infructueux
De peindre la vertu sans être vertueux?

ÉPITRE VI

SUR L'AMBITION

A M. LE D. DE N.[1]

L A fortune ingrate et trompeuse
   M'appelle un trésor à la main :
L'ambition vaine et flatteuse
De la cour m'ouvre le chemin.
Crois-tu que mon âme affamée
D'un titre nuisible au repos
Aime à respirer la fumée
De l'encens que brûlent les sots ?
Crois-tu qu'aveugle je confonde
Le mérite et la dignité,
L'hommage servile du monde·
Et le tribut de l'équité ?
Crois-tu que, censeur hypocrite
De la mollesse des mortels,

1. Le duc de Nivernais.

Je veuille, indolent Sybarite,
M'endormir au pied des autels !
Non ; tu connois trop ma droiture :
Coupable par fragilité,
Mais ennemi de l'imposture,
Je ne joins pas l'impiété
Aux foiblesses de la nature.
Oui, les dieux m'ont assez donné.
Eh ! que m'importe, si tu m'aimes,
De charger de vains diadèmes
Mon front d'olives couronné ?
Le ciel ne m'a point condamné
A traîner mes jours dans le faste,
A languir dans un palais vaste.
Plus délicat qu'ambitieux,
J'aime un bonheur doux et facile :
Le superflu m'est inutile,
Et l'appareil m'est odieux.
J'aime les fruits délicieux
Dont nos espaliers se couronnent ;
Voisins de la main et des yeux,
Ils s'offrent moins qu'ils ne se donnent.
Mais je n'irai pas affronter
Un peuple de dragons avides,
Pour la gloire de disputer
Les pommes d'or des Hespérides.
    La santé, le plus grand des biens,
File tous les jours de ma vie ;
Que de mille siècles suivie
Elle veille au bonheur des tiens !
Si je revois fleurir encore

Les myrtes de tes jeunes ans ;
Si je revois naître l'aurore
Des premiers jours de ton printemps ;
Et si ma muse, enorgueillie
De marcher de loin sur tes pas,
Unit l'estime de Délie
Aux suffrages de Maurepas ;
C'en est fait, le globe où nous sommes
Comme un point s'échappe à nos yeux ;
Et, plus heureux que tous les hommes,
J'ai bu dans la coupe des dieux.

ÉPITRE VII

A MES DIEUX PÉNATES

PROTECTEURS de mon toit rustique,
C'est à vous qu'aujourd'hui j'écris.
Vous qui sous ce foyer antique
Bravez le faste de Paris,
Et la mollesse asiatique
Des alcôves et des lambris,
Soyez les seuls dépositaires
De mes vers sérieux ou fous ;
Que mes ouvrages solitaires,
Se dérobant aux yeux vulgaires,
Ne s'éloignent jamais de vous.
   J'espérois que l'affreux Borée
Respecteroit nos jeunes fleurs,
Et que l'haleine tempérée
Du dieu qui prévient les chaleurs
Rendroit à la terre éplorée

Et ses parfums et ses couleurs :
Mais les nymphes et leurs compagnes
Cherchent les abris des buissons ;
L'hiver, descendu des montagnes,
Souffle de nouveau ses glaçons,
Et ravage dans les campagnes
Les prémices de nos moissons.
Rentrons dans notre solitude,
Puisque l'Aquilon déchaîné
Menace Zéphyre étonné
D'une nouvelle servitude :
Rentrons, et qu'une douce étude
Déride mon front sérieux.
Vous, mes Pénates, vous, mes dieux,
Écartez ce qu'elle a de rude ;
Et que les vents séditieux
N'emportent que l'inquiétude
Et laissent la paix en ces lieux.
Enfin je vous revois, mes Lares,
Sous ce foyer étincelant,
A la rigueur des vents barbares
Opposer un chêne brûlant.
Je suis enfin dans le silence ;
Mon esprit, libre de ses fers,
Se promène avec nonchalance
Sur les erreurs de l'univers.
Rien ne m'aigrit, rien ne m'offense.
Cœurs vicieux, esprits pervers,
Vils esclaves de l'opulence,
Je vous condamne sans vengeance.
Cœurs éprouvés par les revers

Et soutenus par l'innocence,
Ma main sans espoir vous encense ;
Mes yeux, sur le mérite ouverts,
Se ferment sur la récompense.
Sans sortir de mon indolence,
Je reconnois tous les travers
De ce rien qu'on nomme science :
Je vois que la sombre ignorance
Obscurcit les pâles éclairs
De notre foible intelligence.
Ah ! que ma chère indifférence
M'offre ici de plaisirs divers !
Mes dieux sont les rois que je sers ;
Ma maîtresse est l'indépendance,
Et mon étude l'inconstance.
O toi qui dans le sein des mers
Avec l'Amour as pris naissance,
Déesse, répands dans mes vers
Ce tour, cette noble cadence,
Et cette molle négligence
Dont tu sais embellir tes airs.
Amant de la simple nature,
Je suis les traces de ses pas ;
Sa main, aussi libre que sûre,
Néglige les lois du compas ;
Et la plus légère parure
Est un voile pour ses appas.
Quand la verrai-je sans emblème,
Sans fard, sans éclat emprunté,
Conserver dans la pudeur même
Une piquante nudité

Et joindre à la langueur que j'aime
Le souris de la volupté?
   Inspirez-moi, divins Pénates;
Vous-mêmes guidez mes travaux :
Versez sur ces rimes ingrates
Un feu vainqueur de mes rivaux ;
Et que mes chants toujours nouveaux
Mêlent la raison des Socrates
Au badinage des Saphos.
Mais qu'une sagesse stérile
N'occupe jamais mes loisirs ;
Que toujours ma muse fertile
Imite, en variant son style,
Le vol inconstant des zéphyrs ;
Et qu'elle abandonne l'utile,
S'il est séparé des plaisirs.
Favorable à ce beau délire,
Grand Rousseau, vole à mon secours ;
Pour remplir ce qu'un dieu m'inspire,
Réunis en ce jour la lyre
Et le luth badin des amours ;
Soutiens-moi, prête-moi tes ailes ;
Guide mon vol audacieux
Jusqu'à ces voûtes éternelles
Où l'astre qui parcourt les cieux
Darde ses flammes immortelles
Sur les ténèbres de ces lieux.
Je lis, j'admire tes ouvrages ;
L'esprit de l'Être créateur
Semble verser sur tes images
Toute sa force et sa grandeur.

Mais ne crois pas que, vil flatteur,
Je déshonore mes suffrages
En mendiant ceux de l'auteur.
Vous le savez, dieux domestiques,
Mon style n'est point infecté
Par le fiel amer des critiques,
Ni par le nectar apprêté
Des longs et froids panégyriques ;
Sous les yeux de la vérité,
J'adresse au prince des lyriques
Cet éloge que m'ont dicté
Le goût, l'estime et l'équité.

Rousseau, conduit par Polymnie,
Fit passer dans nos vers françois
Ces sons nombreux, cette harmonie
Qui donne la vie et la voix
Aux airs qu'enfante le génie ;
Lui seul avec sévérité,
Sous les contraintes de la rime,
Fit naître l'ordre et la clarté ;
Et, par le concours unanime
D'une heureuse fécondité
Unie aux travaux de la lime,
Sa muse, avec rapidité
S'élevant jusques au sublime,
Vola vers l'immortalité.

Que la renommée et l'histoire
Gravent à jamais sur l'airain
Cet hymne digne de mémoire
Où Rousseau, la flamme à la main,
Chasse du temple de la gloire

Les destructeurs du genre humain,
Et sous les yeux de la victoire
Ébranle leur trône incertain !
   Tels sont les accents de sa lyre.
Mais quels feux, quels nouveaux attraits,
Lorsque Bacchus et la satire
Dans un vin pétillant et frais
Trempent la pointe de ses traits !
En vain, de sa gloire ennemie,
La haine répand en tout lieu
Que sa muse enfin avilie
N'est plus cette muse chérie
De Dussé, La Fare et Chaulieu ;
Malgré les arrêts de l'envie,
S'il revenoit dans sa patrie,
Il en seroit encor le dieu.
Les travaux de notre jeune âge
Sont toujours les plus éclatants
Les grâces, qui font leur partage,
Les sauvent des rides du temps.
Moins la rose compte d'instants,
Plus elle s'assure l'hommage
Des autres filles du printemps.
Réponds-moi, célèbre Voltaire,
Qu'est devenu ce coloris,
Ce nombre, ce beau caractère
Qui marquoit tes premiers écrits,
Quand ta plume vive et légère
Peignoit la joie, enfant des ris,
Le vin saillant dans la fougère,
Les regards malins de Cypris

Et tous les secrets de Cythère ?
Alors, de l'héroïque épris,
Tu célébrois la violence
Des Seize, tyrans de Paris,
Et la généreuse clémence
Du plus vaillant de nos Henris ;
Alors la sublime éloquence
Te pénétroit de ses chaleurs ;
Les grâces et la véhémence
Se marioient dans tes couleurs ;
Et, par une heureuse inconstance,
De ton esprit en abondance
Sortoient des foudres et des fleurs.
Mais cette chaleur éclairée
Qui se répandoit sur tes vers,
Par tes grands travaux modérée,
Semble enfin s'être évaporée
Comme un nuage dans les airs.
  Tandis que ma muse volage,
Par un aimable égarement,
S'arrête où le plaisir l'engage
Et donne tout au sentiment,
L'ombre descend, le jour s'efface ;
Le char du soleil, qui s'enfuit,
Se joue en vain sur la surface
De l'onde qui le reproduit ;
L'heure impatiente le suit,
Vole, le presse, et dans sa place
Fait succéder l'obscure nuit.
Que dans ma retraite, éclairée
Par la présence et le concours

Des dieux enfants de Cythérée,
Les plaisirs, exilés des cours,
Du vin de cette urne sacrée
S'enivrent avec les amours.
Que mon toit soit impénétrable
Aux craintes, aux remords vengeurs ;
Et qu'un repos inaltérable
Dans cet asile favorable
Endorme les soucis rongeurs.

Sur ces demeures solitaires,
Veillez, ô mes dieux tutélaires !
Déjà Morphée au teint vermeil
Abaisse ses ailes légères
D'où la mollesse et le sommeil
Vont descendre sur mes paupières.
Puissé-je, après deux nuits entières,
N'être encor qu'au premier réveil,
Et voir dans tout son appareil
L'aurore entr'ouvrant les barrières
Du temple brillant du soleil !

Vous dont la main m'est toujours chère,
Vous, mes amis dès le berceau,
Si l'enfant qui porte un flambeau
Venoit m'annoncer que Glycère
Favorise un amant nouveau,
Mes dieux, déchirez son bandeau,
Et repoussez le téméraire.
Mais si, plus sensible à mes vœux,
Il vous apprend que cette belle,
Moins aimable encor que fidèle,
Brûle pour moi des mêmes feux,

10

Alors d'une offrande éternelle
Flattez cet enfant dangereux,
Et qu'une fleur toute nouvelle
Orne à l'instant ses beaux cheveux.

ÉPITRE VIII

A M. DUCLOS

Tu sais que d'un peu de bêtise
Le bon vieux temps est accusé ;
Mais, dans ce siècle plus rusé,
J'ai grand regret à la franchise
De l'âge d'or si méprisé ;
J'ai grand regret à l'innocence
De l'homme qui marchoit tout nu.
Le plaisir, au front ingénu,
Sans voile étoit sans indécence,
Moins défini, mais mieux connu.
L'amour avoit plus de puissance
Quand les bergers étoient des rois ;
On ne vit pas souvent, je crois,
Des patriarches petits-maîtres :
L'amour qu'on fait au pied des hêtres
Ne sait pas vanter ses exploits.
Sans art, ainsi que sans mystère,

On l'aimoit parce qu'on s'aimoit :
C'étoit le goût seul qui formoit
La chaîne éternelle et légère
Qui si librement retenoit
Le berger près de sa bergère.
Sous un toit couvert de fougère
Chacun sur le soir revenoit;
Et le travail entretenoit
Du plaisir l'ardeur passagère.
L'amour, complaisant à nos yeux,
Entouré de traits et de flammes,
N'étoit, du temps de nos aïeux,
Que le besoin délicieux
De rapprocher toutes les âmes.
Une fontaine, un vert gazon,
Ombragés par un chêne antique,
Voilà la petite maison
Où l'amour, en habit rustique,
Venoit passer chaque saison.
Notre jargon métaphysique
N'étoit pas encore inventé.
Le sentiment qu'on alambique
N'a guère de solidité :
Par un seul mot l'amour s'explique;
L'art du cœur est la vérité.
Mais lorsque le faste des villes
Eut changé les mœurs des bergers,
L'amour s'éloigna des vergers :
Ne trouvant que des cœurs serviles,
L'intérêt, la soif des grandeurs,
Formèrent les nœuds des familles.

L'honneur, ce fier tyran des filles,
Les força de rendre leurs cœurs.
Les perfides et les cruelles
Virent le jour au même instant :
La loi d'être toujours constant
Donna naissance aux infidèles.
Il fut défendu de charmer ;
Les plaisirs devinrent des crimes ;
L'amour se traita par maximes ;
L'esprit enseigna l'art d'aimer.
On donna le nom de victoire
Au seul triomphe du bonheur ;
Et l'amant, surnommé vainqueur,
Céda le plaisir pour la gloire ;
L'amour ne fut plus dans le cœur
Dès qu'on écrivit son histoire.
Ainsi le vieil âge changea.
  La vertu faisoit la noblesse :
Le second âge l'échangea
Contre un vernis de politesse.
Pour moi, je crois qu'il dérogea.
Tel fut le siècle de Thésée,
Du fils d'Alcmène et de Jason ;
Dès le moment la trahison
Fut pour toujours autorisée.
Mais ce siècle peu raffiné
N'avoit pas encor vu paroître
Un être insolent et borné
Que l'on appelle petit-maître.
Le premier fat de l'univers
Fut le fils du roi de Pergame :

Cet insensé passa les mers
Pour aller séduire une femme.
L'amour moins que la vanité
Le rendit amant de la belle ;
Car, sans le bruit de sa beauté,
Il n'eût point soupiré pour elle.
Un autre se fût contenté
De trahir l'hospitalité
En possédant cette infidèle ;
Mais le rival de Ménélas,
Plutôt que de vouloir la rendre,
Fit armer deux cent mille bras,
Et réduire sa ville en cendre ;
Et Pâris est le fondateur
De cette ville singulière
Que nous voyons digne héritière
Du nom de son premier auteur.
Peuple ingrat, perfide et frivole,
Faut-il que d'un sexe charmant
Tu sois le tyran et l'idole !
Faut-il que ton orgueil immole
Le devoir et le sentiment !
Quoi ! cette maîtresse adorée,
Qui sacrifie à ton bonheur
Sa beauté, sa vie et l'honneur,
Par toi sans cesse déchirée,
Va donc mourir désespérée
Du don qu'elle fit de son cœur :
On peut sans crime être volage :
C'est la faute de nos désirs ;
Mais à l'objet de nos soupirs

Le cœur doit toujours son hommage.
Quel est l'ingrat ou le sauvage
Qui peut oublier les plaisirs?
D'un sexe digne qu'on l'adore
N'exagérons point les travers :
Sans lui l'homme seroit encore
Farouche au milieu des déserts.
Oui; les femmes, qu'on déshonore,
Même en voulant porter leurs fers,
Sont les fleurs qu'Amour fit éclore
Dans le jardin de l'univers.

   Fidèle ami, censeur utile,
N'examine dans mes écrits
Ni l'ordonnance ni le style ;
Le sentiment en fait le prix.
Ton esprit brillant et fertile
A le droit d'être difficile ;
Mais c'est pour ton cœur que j'écris.

ÉPITRE IX

A MONSIEUR

LE COMTE DE FORCALQUIER

Vous voulez donc que je reprenne
Un luth que j'avois démonté ;
Qu'après avoir brisé ma chaîne
Je perde encor ma liberté!
De la nature enfant gâté,
J'écrivois autrefois sans peine
Des vers pleins de facilité ;
Ma muse avec rapidité
Voloit toujours, sans perdre haleine,
Au temple de la volupté ;
Mais j'ai laissé tarir ma veine
Dans le sein de l'oisiveté.

   Les vers sont enfants de l'ivresse ;
Si vous rimez, soyez heureux. :
Il faut, pour peindre la tendresse,
N'écrire des vers amoureux

Que sous les yeux de sa maîtresse.
Aimez, si vous chantez l'amour.
Pourquoi les faiseurs de ballades,
Qui jadis inondoient la cour
De madrigaux, de chansons fades,
Et qui méditoient nuit et jour
Leurs impromptus et leurs boutades,
Pourquoi tous ces auteurs glacés
Au dernier rang sont-ils placés ?
C'est que leur esprit vouloit peindre
Ce que leur cœur ne sentoit pas :
Le tendre amour qu'ils osoient feindre
Ne voloit jamais dans leurs bras.
Pour tracer sa brillante image,
Toujours tendre et souvent volage,
Aimez, changez avec ce dieu ;
Volez où sa voix vous appelle.
Soyez galant comme Chaulieu,
Et libertin comme Chapelle ;
Surtout possédez l'heureux art
De peindre tout avec décence :
Ovide et le gentil Bernard
Alarment un peu l'innocence.
Soyez moins libre qu'ingénu :
On peut avec un art extrême
Offrir à la sagesse même
L'amour qui rougit d'être nu.
Si vous avez la voix légère
De la maîtresse de Phaon,
Ne quittez point Anacréon
Pour imiter le grand Homère :

En voulant copier Milton,
J'avois déjà perdu le ton
De l'heureux amant de Glycère.
Les vers dans ma jeune saison
N'étoient pour moi qu'un badinage :
Ils me coûtèrent davantage
Quand j'écrivis pour la raison.
Qu'il est dangereux d'être sage !
Moins prodigue de ses trésors,
Je sens enfin que la nature
Les verse avec plus de mesure
Et répond mal à mes transports.
Quelquefois la philosophie
Vient s'armer contre l'art des vers.
Pour plaire à ce triste univers
Il faut qu'un auteur sacrifie
Les jours du printemps de la vie,
Qui sont et si courts et si chers.
Le plaisir, d'une aile légère,
Fuit en nous perçant de ses traits ;
Mais la gloire, aussi passagère,
A-t-elle les mêmes attraits?
Cher comte, eh quoi ! la renommée
Vaut-elle un soupir, un regard,
Que laissé comme par hasard
Échapper une amante aimée?
Vaut-elle les faciles riens
Dont on nourrit l'orgueil des belles,
Et ces charmantes bagatelles
Que dans leurs tendres entretiens
Se montrent deux amis fidèles?

La renommée, en vérité,
Malgré son brillant étalage,
Mérite bien peu notre hommage.
Je permets à la vanité.
D'adorer sa trompeuse image :
L'erreur est toujours le partage
D'un esprit faux et limité ;
Mais le bon sens est révolté
Qu'elle soit l'idole du sage
Et l'écueil de la probité.
Ces fous qu'on appelle grands hommes
Se consument en vains regrets ;
Mais le bonheur est toujours près
Du théâtre obscur où nous sommes.
Nous sentons le prix d'un beau jour :
C'est pour nous que brille l'aurore ;
Pour nous les fleurs semblent encore
S'ouvrir au souffle de l'amour.
Le spectacle de la nature,
Qui renaît toujours à nos yeux,
N'offre qu'une foible peinture
Aux regards des ambitieux ;
Plus sa beauté se renouvelle,
Plus nos yeux deviennent perçants ;
Les plaisirs nous donnent des sens
Qui rendent la terre plus belle.
Que les ambitieux mortels
Étendent leur gloire féconde ;
Qu'à des hommages éternels
Ils condamnent la terre et l'onde :
L'amitié pour nous est le monde,

Dans son temple sont nos autels.

Tout ici n'est que rêverie,
Je le sais; mais des vains honneurs
Mon âme dès longtemps guérie
Choisit de plus douces erreurs;
Mes biens, mes trésors, sont les fleurs,
Et mes jardins une prairie.

J'aime mieux penser avec vous,
Dont l'esprit facile et si doux
S'étend, s'élève et se marie
A tous les temps, à tous les goûts.
Rempli du plus charmant délire,
J'aime mieux jouir des appas
De votre amitié qui m'inspire,
Que de cadencer sur ma lyre
Ces vers coulants et délicats
Qu'il est si malaisé d'écrire,
Et dont on fait si peu de cas.
Cependant ma muse s'engage
A remplir vos heureux loisirs.
Qui sait au printemps de son âge
Souffrir les maux avec courage
A bien des droits sur les plaisirs.
J'ai peine à retrouver les traces
Des muses dont j'ai fui la cour;
Loin de moi s'envole l'Amour;
Mais je vois près de vous les Grâces :
Elles m'instruiront à leur tour.

ÉPITRE X

SUR LA PARESSE

A M. DE ***

CENSEUR, de ma chère paresse,
Pourquoi viens-tu me réveiller
Au sein de l'aimable mollesse
Où j'aime tant à sommeiller ?
Laisse-moi, philosophe austère,
Goûter voluptueusement
Le doux plaisir de ne rien faire
Et de penser tranquillement.
Sur l'Hélicon tu me rappelles ;
Mais ta muse en vain me promet
Le secours constant de ses ailes
Pour m'élever à son sommet.
Mon esprit, amoureux des chaînes
Que lui présente le repos,
Frémit des veilles et des peines
Qui suivent le dieu de Délos.

Veux-tu qu'héritier de la plume
Des Malherbes, des Despréaux,
Dans mes vers pompeux je rallume
Le feu qui sort de leurs pinceaux ?
Ce n'est point à l'humble colombe
A suivre l'aigle dans les cieux ;
Sous les grands travaux je succombe :
Les jeux et les ris sont mes dieux.
Peut-être d'une voix légère,
Entre l'amour et les buveurs,
J'aurois pu vanter à Glycère
Et mes larcins et ses faveurs ;
Mais la Suze, la Sablière,
Ont cueilli les plus belles fleurs
Et n'ont laissé dans leur carrière
Que des narcisses sans couleurs.
Pour éterniser sa mémoire
On perd les moments les plus doux :
Pourquoi chercher si loin la gloire ?
Le plaisir est si près de nous !
Dites-moi, mânes des Corneilles,
Vous qui, par des vers immortels,
Des dieux égalez les merveilles,
Et leur disputez les autels ;
Cette couronne toujours verte
Qui pare vos fronts triomphants
Vous venge-t-elle de la perte
De vos amours, de vos beaux ans ?
Non ; vos chants, triste Melpomène,
Ne troubleront point mes loisirs ;
La gloire vaut-elle la peine

Que j'abandonne les plaisirs ?
Ce n'est pas que, froid quiétiste,
Mes yeux, fermés par le repos,
Languissent dans une nuit triste
Qui n'a pour fleurs que des pavots ;
Occupé de riants mensonges,
L'amour interrompt mon sommeil ;
Je passe de songes en songes,
Du repos je vole au réveil.
Quelquefois pour Éléonore,
Oubliânt son oisiveté,
Ma jeune muse touche encore
Un luth que l'amour a monté ;
Mais elle abandonne la lyre
Dès qu'elle est prête à se lasser.
Car enfin que sert-il d'écrire ?
N'est-ce pas assez de penser ?

ÉPITRE XI[1]

SUR L'HIVER

A M. DE***

D E l'urne céleste
Le signe funeste
Domine sur nous,
Et sous lui commence
L'humide influence
De l'ourse en courroux.
L'onde suspendue

1. Cette épître, qui se trouve dans l'édition originale, Genève, 1752, et dans celle de Londres, 1767, manque dans
presque toutes les autres. Blin de Sainmore, dans son recueil
intitulé *Élite de poésies fugitives*, Londres, 1764, trois
volumes in-8º, l'attribue à Bernard; nous croyons qu'il y a
ici une erreur, car, outre que le cardinal de Bernis l'ait admise
dans le premier recueil de ses Œuvres, Voltaire, dans une
de ses lettres à ce prélat, en date du 3 août 1769, en cite
les six premiers vers. (*Note de l'édition de 1825.*)

Sur les monts voisins
Est dans nos bassins
En vain attendue.

Ces bois, ces ruisseaux
N'ont rien qui m'amuse,
La froide Aréthuse
Fuit dans les roseaux;
C'est en vain qu'Alphée
Mêle avec ses eaux
Son onde échauffée.

Telle est des saisons
La marche éternelle.
Des fleurs, des moissons,
Des fruits, des glaçons :
Ce tribut fidèle,
Qui se renouvelle
Avec nos désirs,
En changeant nos plaines
Fait tantôt nos peines,
Tantôt nos plaisirs.

Cédant nos campagnes
Aux tyrans des airs,
Flore et ses compagnes
Ont fui ces déserts;
Si quelqu'une y reste,
Son sein outragé
Gémit ombragé
D'un voile funeste,

Et la nymphe en pleurs
Doit être modeste
Jusqu'au temps des fleurs.

Quand d'un vol agile
L'amour et les jeux
Passent dans la ville,
J'y passe avec eux.
Sur la double scène,
Suivant Melpomène
Et les jeux nouveaux,
J'entends le parterre
Marquer les défauts
En juge sévère.

Là, sans affecter
Les dédains critiques,
Je laisse avorter
Les brigues publiques.
Du beau seul épris,
Envie ou mépris
Jamais ne m'enflamme ;
Seulement dans l'âme,
J'approuve ou je blâme,
Je bâille ou je ris.

Dans nos folles veilles,
J'irois de mes airs
Frapper vos oreilles ;
Après nos concerts,

L'ivresse au délire
Pourra succéder;
Sous un double empire
Je sais accorder
Le thyrse et la lyre;
J'y crois voir Thémire,
Le verre à la main,
Chanter son refrain,
Folâtrer et rire.

Quel sort plus heureux !
Buveur amoureux,
Sans soins, sans attente,
Je n'ai qu'à saisir
Un riant loisir;
Pour l'heure présente
Toujours un plaisir,
Pour l'heure suivante
Toujours un désir.
Coulez, mes journées,
Par un nœud si beau
Toujours enchaînées,
Toujours couronnées
D'un plaisir nouveau.

Qu'à son gré la parque
Hâte mes instants,
Les compte et les marque
Aux fastes des ans.
Je l'attends sans crainte;
Par sa rude atteinte

Je serai vaincu,
Mais j'aurai vécu.

Sans date ni titre,
Dormant à demi,
Ici ton ami
Finit son épître.
En rimant pour toi
Le dernier chapitre,
La table où je boi
Me sert de pupitre.
De tes vins divers
Je serai l'arbitre ;
Sois-le de mes vers,
Je te les adresse.
S'ils sont sans justesse,
Sans délicatesse,
Sans ordre et sans choix,
En de folles rimes,
On lit quelquefois
De sages maximes.

ÉPITRE XII

AUX GRACES

O vous qui parez tous les âges,
　Tous les talents, tous les esprits;
Vous, dont le temple est à Paris,
Et quelquefois dans les villages;
Vous, que les plaisirs et les ris
Suivent en secret chez les sages;
Grâces, c'est à vous que j'écris.
Fugitives ou solitaires,
La foule des esprits vulgaires
Vous cherche sans cesse et vous fuit.
Aussi simples que les bergères,
Le goût vous fixe et vous conduit.
Indifférentes et légères,
Vous échappez à qui vous suit.
Venez dans mon humble réduit,
Vous n'y serez point étrangères;
Rien ne peut y blesser vos yeux :

Votre frère est le seul des dieux
Dont vous verrez chez moi l'image;
Dans son carquois brille un seul trait,
Et dans ses mains est le portrait
De celle qui fut votre ouvrage.
Venez donc, sœurs du tendre Amour,
Éclairer ma retraite obscure;
Venez ensemble, ou tour à tour,
Et du pinceau de la nature
Achevez l'heureuse peinture
Que je vous consacre en ce jour.
Vos bienfaits, charmantes déesses,
Sont prodigués dès le berceau,
Et jusques au bord du tombeau
Vous vous conservez vos richesses.
Vous élevez sur vos genoux
Ces enfants si vifs et si doux
Dont le front innocent déploie
La candeur qu'ils tiennent de vous,
Et tous les rayons de la joie.
Vous aimez à vivre avec eux;
Vous vous jouez dans leurs cheveux
Pour en parer la négligence.
Compagnes de l'aimable enfance,
Vous présidez à tous ses jeux;
Et de cet âge trop heureux
Vous faites aimer l'ignorance.
L'amour, le plaisir, la beauté,
Ces trois enfants de la jeunesse,
N'ont qu'un empire limité
Si vous ne les suivez sans cesse.

L'amour, à travers son bandeau,
Voit tous les défauts qu'il nous cache ;
Rien à ses yeux n'est toujours beau ;
Et quand de vos bras il s'arrache
Pour chercher un objet nouveau,
Vos mains rallument son flambeau
Et serrent le nœud qui l'attache.
Bien plus facile à dégoûter,
Moins délicat et plus volage,
Le plaisir se laisse emporter
Sur l'aile agile du bel âge ;
Il dévore sur son passage
Tous les instants sans les compter :
Vous seules lui faites goûter
Le besoin qu'il a d'être sage.
Partout où brille votre image,
Le goût le force à s'arrêter,
Et la constance est votre ouvrage.
Sans vous que seroit la beauté ?
C'est par les Grâces qu'elle attire ;
C'est vous qui la faites sourire ;
Vous tempérez l'austérité
Et la rigueur de son empire.
Sans votre charme si vanté,
Qu'on sent et qu'on ne peut décrire,
Sa froide régularité
Nuiroit à la vivacité
Des désirs ardents qu'elle inspire.
Le dieu d'amour n'est qu'un enfant ;
Il craint la fierté de ces belles
Qui foulent d'un pied triomphant

Les fleurs qui naissent autour d'elles.
Par vous l'amant ose espérer
De saisir l'instant favorable ;
C'est vous qui rendez adorable
L'objet qu'on craignoit d'adorer.
Qu'il est doux de trouver aimable
Ce qu'on est contraint d'admirer !
Les belles qui suivent vos traces
Nous ramènent à leurs genoux.
Junon, après mille disgrâces,
Après mille transports jaloux,
Enchaîne son volage époux
Avec la ceinture des Grâces.
L'air, la démarche, tous les traits,
L'esprit, le cœur, le caractère,
Ont emprunté de vos attraits
Le talent varié de plaire.
La nymphe qui craint un regard,
Et qui pourtant en est émue ;
La naïade qui par hasard
Nous laisse entrevoir qu'elle est nue ;
La vendangeuse qui sourit
Au jeune sylvain qu'elle enivre,
Et lui fait sentir que pour vivre
L'enjoûment vaut mieux que l'esprit ;
De l'amour victime rebelle,
La boudeuse qui dans un coin
Semble fuir l'amant qu'elle appelle,
Qui, plus sensible que cruelle,
Gémit de sentir le besoin
De le laisser approcher d'elle ;

La rêveuse dont la langueur
La rend encore plus touchante,
Qui se plaint d'un mal qui l'enchante,
Dont le remède est dans son cœur ;
La coquette qui nous attire
Quand nous croyons la dédaigner,
Et qui, pour sûrement régner,
Semble renoncer à l'empire ;
L'amante qui dans son ardeur
A de l'amour sans indécence,
Et qui sait à chaque faveur
Faire revivre l'innocence ;
La beauté dont les yeux charmants
Donnent les désirs sans ivresse,
Qui, sans refroidir ses amants,
Leur fait adorer sa sagesse ;
La finesse sans fausseté,
La sagesse sans pruderie,
L'enjoûment sans étourderie,
Enfin la douce volupté,
Et la touchante rêverie,
Un geste, un sourire, un regard,
Ce qui plaît sans peine et sans art,
Sans excès, sans airs, sans grimaces,
Sans gêne et comme par hasard,
Est l'ouvrage charmant des Grâces.
  Cessez donc de vous alarmer,
Vous à qui la nature avare
Accorda le bienfait d'aimer
Et refusa le don plus rare,
Le don plus heureux de charmer.

De l'amour touchante victime,
O vous qu'il blesse et fuit toujours,
Les Grâces offrent leurs secours
Aux cœurs malheureux qu'il opprime ;
Allez encenser les autels
De ces charmantes immortelles :
A votre retour les mortels
Vous compteront parmi les belles,
Et les amours les plus cruels
Vous serviront souvent mieux qu'elles.
On s'accoutume à la laideur,
L'esprit nous la rend supportable ;
Et les Grâces, pour leur honneur,
Dans les bras d'une laide aimable
Ont souvent placé le bonheur.
Les Grâces suivent tous les âges ;
Loin de s'enfuir avec les ans,
Elles réparent leurs outrages
Et sèment les fleurs du printemps
Sur l'hiver paisible des sages.
Ainsi le vieux Anacréon
Orna sa brillante vieillesse
Des grâces que dans sa jeunesse
Chantoit l'amante de Phaon.
De leurs célèbres bagatelles
Le monde encore est occupé ;
La mort, de l'ombre de ses ailes,
N'a point encore enveloppé
Leurs chansonnettes immortelles.
Le seul esprit et les talents
N'éternisent pas nos merveilles ;

L'oubli, qui nous suit à pas lents,
Fait périr le fruit de nos veilles.
Rien ne dure que ce qui plaît :
L'utile doit être agréable ;
Un auteur n'est jamais parfait
Quand il néglige d'être aimable.
　Martyrs illustres de Clio,
Vous dont la plume infatigable
Nous enrichit et nous accable,
Voyez de vos in-folio
Quel est le sort inévitable.
Dans l'abîme immense du temps
Tombent ces recueils importants
D'historiens, de politiques,
D'interprètes et de critiques,
Qui tous, au mépris du bon sens,
Avec les livres germaniques,
Se perdent dans la nuit des ans.
La mort dévore avec furie
Les grands monuments d'ici-bas ;
Mais le plaisir, qui ne meurt pas,
Abandonne à sa barbarie
Les annales des potentats,
Et tout bon livre qui l'ennuie,
Pour sauver et rendre à la vie
L'heureux chantre de Ménélas,
Et le tendre amant de Lesbie.
La mort n'épargna dans Varron
Que le titre de savant homme ;
Mais les grâces de Cicéron
Tirèrent des cendres de Rome

Et ses ouvrages et son nom.
Je ne sais par quelle aventure
Quélques ouvrages de pédant
Ont pu percer la nuit obscure
Où tombe tout livre excédant ;
Mais je sais bien, en attendant,
Que c'est toujours contre nature
Qu'arrive un pareil accident.
Les Grâces seules embellissent
Nos esprits ainsi que nos corps,
Et nos talents sont des ressorts
Que leurs mains légères polissent.
Les Grâces entourent de fleurs
Le sage compas d'Uranie,
Donnent le charme des couleurs
Au pinceau brillant du génie,
Enseignent la route des cœurs
A la touchante mélodie,
Et prêtent des charmes aux pleurs
Que fait verser la tragédie.
Malheur à tout esprit grossier,
A l'âme de bronze et d'acier
Qui les méprise et les ignore !
Le cœur qui les sent les adore,
Et peut seul les apprécier.
Mais vous, filles de la nature,
Qui fîtes l'amour des mortels,
Ne souffrez pas qu'on défigure
Vos ouvrages sur vos autels.
Paroissez aux yeux des impies
Qui, sans craindre votre courroux,

Nous offrent de froides copies
Qu'ils nous font adorer pour vous ;
Venez dissiper l'imposture,
Daignez reparoître au grand jour :
Nous apprendrons votre retour,
Et par le cri de la nature,
Et par les transports de l'amour.

ÉPITRE XIII

.A M. DE FONTENELLE

On vit heureux quand on est sage.
    C'est .du sein des tranquilles nuits
Que naissent les jours sans nuage ;·
En moissonnant trop tôt les roses du bel âge,
    · On n'en recueille point les fruits.
    Ce, soleil brillant dans l'aurore,
Qui consume les fleurs de la jeune saison,
    Le plaisir, n'est pour la raison
Qu'un astre bienfaisant qui féconde et colore,
Et qui d'un voile d'or embellit l'horizon :
Remède pour le sage, il devient un poison
    Pour les cœurs que son feu dévore.
Tes jours, comblés d'honneurs et tissus de plaisirs,
    Tes beaux jours, sage Fontenelle,
Semés d'heureux travaux et de riants loisirs,
Dont au gré de nos vœux le fil se renouvelle,
Consacrent à jamais la raison éternelle

Qui dirigea tes pas et régla tes désirs.

   On vit un céleste génie

T'apporter tour à tour le compas d'Uranie,

La plume de Clio, la lyre des Amours.

La gloire répandit ses rayons sur ta vie;

Mais la seule raison en étendit le cours.

Les martyrs de l'orgueil prodiguent sans réserve

   Leurs jours pour saisir des moments;

La gloire sur ses pas fait périr ses amants,

  Et la sagesse les conserve.

Sans jouir du présent, vivre pour l'avenir,

   S'immoler aux races futures,

D'un travail épineux endurer les tortures,

Laisser, quand on n'est plus, un foible souvenir,

O chimère d'orgueil! ô méprisable idole!

En s'éclairant soi-même éclairer l'univers,

Mériter un grand nom, sentir qu'il est frivole,

Enlever sans efforts ces lauriers toujours verts

Qu'emporte loin de nous la gloire qui s'envole,

Désirer d'être grand sans cesser d'être heureux,

Enrichir son esprit en prolongeant sa vie,

Mépriser la faveur et consoler l'envie,

Désarmer ses rivaux, régner sur ses neveux;

Tel est l'objet du sage, et telle est ton histoire.

   Il faut, pour être mon héros,

S'approcher lentement du temple de mémoire,

Travailler sans relâche en faveur du repos,

Exercer, conserver les ressorts de son âme.

Plus la vie est tranquille, et plus sa foible trame

   Échappe au ciseau d'Atropos.

   Nos passions sont nos furies :

Elles veillent sans cesse, et leurs cris renaissants·
Viennent rompre le cours des douces rêveries
  ·Et l'équilibre de nos sens.
Qui sait les maîtriser est le dieu d'Épidaure.
Oui, la sagesse aimable est sœur de la santé :
Elle seule connoît le secret qu'on ignore
   D'assurer l'immortalité.
   Qu'un autre exalte le courage
   D'Achille mort dans son printemps.
Il faut plus de vertus pour vivre plus longtemps,
Et le Nestor des Grecs fut encor le plus sage.

XIV

FRAGMENT D'UNE EPITRE

A URANIE

O CHARMANTE Uránie, ô mon premier amour,
       C'est vous que mon cœur en atteste.
       Ai-je jamais dans votre cour
       Fait entendre une voix funeste ?
Ai-je, le front couvert d'un masque officieux,
Employé lâchement, dans mes rimes coupables,
       A la honte de mes semblables,
Un langage inventé pour la gloire des dieux !
       Non, non ; la douce poésie
Distribue en riant les rubis et les fleurs,
Les myrtes aux amants, les lauriers aux vainqueurs.
A la vertu qu'elle aime étroitement unie,
C'est à la couronner que s'occupent ses mains ;

Et l'on en fait une furie
Quand on la peint s'armant des poisons de l'envie
Pour faire la guerre aux humains[1].

1. Ce fragment est tout ce qu'on a pu recueillir de cette épitre, où le cardinal de Bernis désavouoit quelques vers satiriques qu'on lui avoit imputés (N. D.)

POÉSIES DIVERSES

POÉSIES DIVERSES

ÉPITHALAME

SUR

LE MARIAGE DE LOUIS

*Dauphin de France, fils de Louis XV, avec Marie-Thérèse,
Infante d'Espagne.*

1745

D ESCENDS, Hymen, descends des cieux ;
Viens remplir les vœux des deux mondes.
Les Bourbons, ces enfants des dieux,
Unissent leurs tiges fécondes.
Descends, Hymen, descends des cieux ;
Viens remplir les vœux des deux mondes.

Tandis qu'au sein de ses roseaux
La nymphe du Tage éplorée

Répand sur son urne azurée
Des pleurs qui grossissent ses eaux,
Les dieux enfants de Cythérée,
A la lueur de leurs flambeaux,
Conduisent l'infante adorée.

Descends, Hymen, descends des cieux ;
Viens remplir les vœux des deux mondes.
Les Bourbons, ces enfants des dieux,
Unissent leurs tiges fécondes.
Descends, Hymen, descends des cieux ;
Viens remplir les vœux des deux mondes.

Pour célébrer un si beau jour,
Dioné dans les airs portée
Répand, par les mains de l'Amour,
Les riches trésors d'Amalthée.
Ses cygnes volent alentour
Et couvrent d'une aile argentée
Les plaisirs qui forment sa cour.

Cypris du ciel est descendue :
La terre est son heureux séjour ;
Les oiseaux chantent son retour ;
Toute la nature est émue.
Il semble qu'au gré de nos vœux
Le feu des plaisirs se rallume ;
A l'ombre d'un myrte amoureux,
Hébé couronne ses cheveux,
La jeune Flore les parfume.
Il semble enfin que l'univers

Sorte du chaos et renaisse ;
Vertumne étend ses tapis verts,
Et les couleurs de la jeunesse
Brillent sur le front des hivers.
O toi qui choisis la décence
Pour servir de guide aux plaisirs,
Toi qui couronnes les désirs
Sans faire rougir l'innocence,
Descends, Hymen, descends des cieux ;
Viens remplir les vœux des deux mondes.
Les Bourbons, ces enfants des dieux,
Unissent leurs tiges fécondes.
Descends, Hymen, descends des cieux ;
Viens remplir les vœux des deux mondes.

Junon dans les airs embellis
De Borée enchaîne la rage ;
L'Hymen porté sur un nuage
Descend dans l'empire des lis.
Bientôt nos vœux seront remplis :
L'Hymen approche de son temple ;
L'Hymen, au bruit de mille voix,
Perce la foule qui contemple
Le fils du meilleur de nos rois.
Conduite par la main des Grâces,
L'infante est au pied des autels :
L'époux, semblable aux immortels,
S'empresse et vole sur ses traces.
Des dieux par l'Hymen avertis
La troupe auguste est assemblée ;
Ce sont les noces de Thétis ;

Tous les yeux y cherchent Pélée;
Tous les yeux y trouvent son fils.
Les plaisirs en foule descendent...
Que tous les François vous entendent,
Jeunes époux, tendres amants !
Prononcez vos derniers serments;
L'Hymen et l'Amour les attendent.
Le nœud que vous allez former
Ne sauroit être trop durable :
L'Hymen fait un devoir d'aimer;
L'Amour rend ce devoir aimable.
Tous deux épuisent leurs bienfaits;
Tendres amants, ils vous unissent ;
Ils vous enivrent à longs traits
Du plaisir pur dont ils jouissent;
Que tous les peuples applaudissent
Au présage heureux de la paix.
Que la discorde désarmée
Se taise au bruit de nos concerts.
Que l'Europe moins alarmée
Répète nos chants et nos vers.
Les cent voix de la Renommée
Les apprendront à l'univers.
Bénissons le siècle où nous sommes :
L'Hymen, en comblant tous nos vœux,
Promet au monde de grands hommes
Et de grands rois à nos neveux.
C'en est fait, l'Amour et la Gloire
Couronnent nos tendres amants;
Les dieux ont gravé leurs serments
Au temple immortel de Mémoire.

Remonte, Hymen, remonte aux cieux;
Tu remplis les vœux des deux mondes.
Les Bourbons, ces enfants des dieux,
Ont uni leurs tiges fécondes.
Remonte, Hymen, remonte aux cieux;
Tu remplis les vœux des deux mondes.

SUR LA COUR

HEUREUX qui n'a point vu le dangereux séjour
Où la fortune éveille et la haine et l'amour ;
Où la vertu modeste, et toujours poursuivie,
Marche au milieu des cris qu'elle arrache à l'envie !
Tout présente en ce lieu l'étendard de la paix :
Où se forge la foudre, il ne tonne jamais.
Les cœurs y sont émus, mais les fronts y sont calmes,
Et toujours les cyprès s'y cachent sous les palmes.
· Théâtre de la ruse et du déguisement,
Le poison de la haine y coule sourdement.
Il n'est point à la cour de pardon pour l'offense.
Hommes dans leurs arrêts, et dieux dans leur vengeance,
Les courtisans cruels restent toujours armés
Contre des ennemis que la haine a nommés.
Partout j'y vois errer la sombre jalousie,
Qui, cachant le poignard dont elle s'est saisie,
Imprime sur son front les traits de l'amitié,
Appelle sur ses pas l'amour et la pitié,

Redouble les serments, s'abandonne aux alarmes
Et prépare son fiel, en répandant des larmes.
La fureur dans le cœur, et la paix dans les yeux,
Même en les invoquant, elle trahit les dieux ;
Elle attaque à la fois le nom et la fortune ;
La gloire l'éblouit, la grandeur l'importune.
Fuyez de cet aspic les yeux étincelants,
Il vous perdra, mortels, s'il connoît vos talents.

SUR LA SUPERSTITION

DE la crédule erreur, ce tyran du vulgaire,
Naquit un monstre affreux, que le faux zèle éclaire,
Qui, respecté du peuple et redouté des grands,
Sur ce vaste univers traîne ses pas errants.
L'Égypte lui fournit une retraite impure,
D'où le monstre vola sur toute la nature.
Les Mèdes, les Persans, les Grecs et les Romains
Sucèrent le poison préparé par ses mains.
Erreurs du plébéien, politique des sages,
Vous triomphiez alors, augures et présages ;
Inventions du prêtre et maximes des rois,
Sur le trône et l'autel vous étendiez vos droits.
Ce temps affreux n'est plus ; mais votre souveraine
Des aveugles mortels sera toujours la reine.
Les états ont changé, la superstition,
Toujours ferme, a suivi la révolution.
Par elle la vengeance inventa la magie ;
L'ignorance entraîna la fausse astrologie ;

La laideur découvrit les foibles talismans,
Piége que rompt toujours l'adresse des amants.
Par elle la terreur, dans les retraites sombres,
Vit en tremblant des corps qu'elle prit pour des ombres
Et, de fantômes vains peùplant l'air et les cieux,
Fit une vérité de l'erreur de nos yeux.

SUR L'ORGUEIL

JE t'appelle et tu fuis, ô nature ! ô ma mère !
Ton front est assiégé d'une tristesse amère.
Tes yeux dont les regards embellissoient les fleurs
Languissent inondés d'un déluge de pleurs.
Qui peut autour de toi répandre ces ténèbres ?
Quel sang vient de couler sur tes lambeaux funèbres ?
Quel barbare a flétri le sein qui l'anima ?
Quel monstre a méconnu la main qui le forma ?
L'Orgueil, me répond-elle : il trahit la nature ;
Dans mes flancs déchirés j'ai senti sa morsure.
Dès qu'il put les connoître, il sapa mes autels
Et vola de mon sein dans le cœur des mortels.
Là, comme en un miroir, le monstre se contemple ;
Il y règne adoré tel qu'un dieu dans son temple.
Ses traits ensevelis sous un fard apprêté
Laissent à sa laideur l'ombre de la beauté ;
Les parfums les plus doux et l'encens le plus rare
Fument sur les autels que sa vanité pare.

L'amour dont il s'enflamme est son seul aliment,
Et les vertus d'autrui, sa honte et son tourment.
Il n'est rien de si pur que l'orgueil ne profane,
Rien de si révéré que l'orgueil ne condamne.
Introduit dans les cœurs qu'il n'a point avilis,
En serpent tortueux il sonde leurs replis.
Si parmi leurs vertus une foiblesse errante
Ternit de ce miroir la glace transparente,
Il la suit sourdement de détour en détour,
L'annonce avec éclat et l'expose au grand jour.
Mais si la vérité, démasquant l'artifice,
De ses projets obscurs ébranle l'édifice,
Quel attentat affreux ! quels desseins ! quelle horreur !
L'orgueil humilié devient bientôt fureur.
Ce n'est plus un serpent qui rampe sur la terre,
C'est un géant armé qui brave le tonnerre,
Qui, pour anéantir l'auguste vérité,
Iroit, jusques au sein de la divinité,
Percer de mille coups sa rivale obstinée
Et blasphémer le Dieu dont elle est émanée.

SUR LA MODE

L A mode est un tyran des mortels respecté,
Digne enfant du dégoût et de la nouveauté ;
Qui de l'État françois, dont elle a les suffrages,
Au delà des deux mers disperse ses ouvrages,
Augmente avec succès leur immense cherté,
Selon leur peu d'usage ou leur fragilité.
Son trône est un miroir, dont la glace infidèle
Donne aux mêmes objets une forme nouvelle.
Les François inconstants admirent dans ses mains
Des trésors méprisés du reste des humains.
Assise à ses côtés, la brillante parure
Essaye, à force d'art, de changer la nature.
La beauté la consulte, et notre or le plus pur
N'achète point trop cher son rouge et son azur.
La mode assujettit le sage à sa formule ;
La suivre est un devoir, la fuir un ridicule.

Depuis nos ornements jusques à nos écrits,
Elle attache à son gré l'estime ou le mépris,
Et, réglant tour à tour tous les rangs où nous sommes,
Elle place les sots et nomme les grands hommes.

SUR LA VERTU

Il est une vertu, dont la puissance active
Commande aux passions, les calme ou les captive,
Arrache enfin notre âme à la séduction,
Au sein de ses erreurs désabuse Ixion ;
Et, d'un plaisir plus vrai lui présentant l'image,
Dans ses bras enchantés dissipe le nuage.
Que nos cœurs sont heureux, quand la loi du devoir
De nos plus doux penchants confirme le pouvoir !
Il est une vertu ; qui résiste à ses charmes,
Vivra dans les douleurs, gémira dans les larmes
Et devant elle un jour, malgré tous ses efforts,
Portera pour tribut le poids de ses remords.
Des mortels les plus sourds sa voix est entendue ;
L'âme qui fuit ses bras y retombe éperdue.
Qui connut son pouvoir, qui sentit sa douceur,
Pourroit-il la confondre avec son oppresseur ?
Avec le vice impur, ce complaisant barbare,
Qui souffle dans nos sens les flammes du Tartare,

Nous laisse moissonner quelques stériles fleurs,.
Sûr, après nos plaisirs, d'éterniser nos pleurs ?
Si la vertu n'est rien, pourquoi l'humble innocence
A-t-elle sur nos cœurs conservé sa puissance?
D'où vient qu'une bergère, assise sur les fleurs,
Simple dans ses habits, plus simple dans ses mœurs,
Impose à ses amants surpris de sa sagesse?
Sévère avec douceur et tendre sans foiblesse,
Elle a l'art de charmer, sans rien devoir à l'art;
Son devoir est sa loi, sa défense un regard,
Qui, joint à la fierté d'un modeste silence,
Fait tomber à ses pieds l'audace et la licence.
D'où vient qu'un villageois, assis sous un ormeau,
Juge des différends qui naissent au hameau ?
Pauvre, chargé de soins et consumé par l'âge,
Qui peut l'avoir rendu le dieu du voisinage ?
Les pasteurs rassemblés viennent, autour de lui,
Chercher dans ses leçons leur joie et leur appui.
Eh ! ne voyez-vous pas qu'amant de la sagesse,
Il est juste sans faste et prudent sans finesse,
Et que, l'intégrité conduisant ses projets,
De ses concitoyens il s'est fait des sujets ?
La vertu sous le chaume attire nos hommages.
Le crime sous le dais est la terreur des sages.

SUR L'HOMME

OUI, l'homme si rempli du soin de se connoître,
Ne sait ni ce qu'il est ni ce qu'il voudroit être.
Honteux de commencer, puni de différer,
Malheureux de savoir, coupable d'ignorer,
Déchiré de remords, rongé d'inquiétudes,
Triste dans ses loisirs, lassé dans ses études,
Il n'a d'autre bonheur que l'art de s'éblouir
Et d'abuser son cœur, si facile à trahir.
Cet homme, en même temps libre dans ses entraves,
A la fierté des rois, sous l'habit des esclaves.
Occupé d'un instant qui s'éloigne de lui,
Enivré, fatigué de lui-même et d'autrui,
Différent, inégal, et cependant le même,
Il aime qui le hait, ou déteste qui l'aime.
Amusé par des riens, les plus vastes projets
Offrent à son esprit de trop foibles objets.
Tout irrite ses goûts ; sans remplir son envie,
Il abrège ses jours et regrette la vie.

Dans ce vaste univers il se trouve borné ;
Et, de l'illusion jouet infortuné,
Pour apaiser l'ardeur de sa soif téméraire,
Il crée à chaque instant un monde imaginaire.
L'antiquité du nom l'approche du néant,
Et le nain est toujours à côté du géant.
Plus il fait remonter sa race renommée,
Plus il touche au limon dont Éve fut formée.
Sa raison lui soumet les lions rugissants ;
Mais lui-même obéit à la fougue des sens.
Au lieu de l'éclairer, ses lumières le flattent :
Loin d'élever son cœur, ses passions l'abattent ;
Il ne jouit de rien, en essayant de tout ;
L'ambition en lui n'est qu'un affreux dégoût,
L'orgueil, une foiblesse insolente ou soumise,
Qui subsiste aux dépens d'une estime surprise ;
L'avarice est la peur de manquer d'un secours,
Qui nourrit son espoir et le trahit toujours ;
Le courage brutal, une terreur extrême ;
Le point d'honneur sans borne, un oubli de soi-même ;
La feinte modestie, un orgueil plus caché,
Et la délicatesse, un vice recherché.
L'abandon généreux d'un profit légitime
Cache un autre intérêt qui ne tend qu'à l'estime.
Sous un dehors brillant, la gloire a son écueil ;
La libéralité n'est qu'un trafic d'orgueil ;
La politesse, un droit qu'on acquiert sur les autres,
Pour exiger des soins plus flatteurs que les nôtres.
La régularité prévient le désespoir
D'être forcé de rendre, ou l'horreur de devoir.
Inutiles vertus, dont toute la puissance

Ne sert qu'à marier le vice à l'innocence ;
A poursuivre le mal, sans gloire et sans succès,
A ranimer sa force, ou nourrir son excès.
Combattons, détruisons l'orgueil qui nous enivre ;
Du fond de son tombeau nous le verrons revivre.
Qu'on le chasse avec peine, il rentre sans effort,
Triomphe dans les fers et survit à la mort.
Quel Alcide nouveau, quelle main agissante
Soumettra pour jamais cette hydre renaissante ?
Il faut, pour enchaîner ses dragons abattus,
Un frein plus assuré que celui des vertus ;
Et pour arracher l'homme à sa misère extrême,
Il faut, n'en doutons pas, le pouvoir de Dieu même.

SUR LA VOLUPTÉ

Il est une Vénus, non celle qu'Idalie.
Vit allaiter l'Amour et nourrir la Folie,
Que Neptune admira, que couronna Pâris,
Et que sous ses berceaux adoroit Sybaris;
Mais celle qui remplit les airs, la terre et l'onde.
Fantôme du bonheur et déesse du monde,
Ses lois sont nos penchants, ses armes nos désirs,
Ses biens l'illusion, ses chaînes les plaisirs.
Vivante dans nos cœurs, avec eux elle change;
De nos goûts variés elle suit le mélange;
Paroît, en les guidant, ne pas les conseiller,
Et s'endort avec eux pour mieux les réveiller.
Sous sa main, qui répand le fiel et l'imposture,
Tout mal peut s'embellir, tout bien se défigure.
Elle imprime avec art sur le front des vertus
Ce dégoût, cet ennui qu'inspire leur abus;
Tandis que dans les yeux de la fière licence,
Elle offre tous les biens qu'assure l'innocence.

C'est elle qui dans l'or brille aux yeux de Crésus,
Qui plaît dans Bérénice à l'amoureux Titus;
Qui fait parler les bois, les prés, la solitude,
Enchante sur la scène et ravit dans l'étude;
Qui fait chercher la paix au milieu des combats;
Qui peut même à la mort attacher des appas;
Qui, malgré les écueils de la mer mugissante,
Fait voler sur les flots la voile obéissante.
Douce erreur, dont l'espoir nous trompe et nous nourrit,
Donne de l'âme au sens et du sens à l'esprit.
Belle, mais dangereuse; aimable, mais frivole;
Telle est la Volupté, notre fatale idole;
Invisible partout et présente en tous lieux,
Elle est tout ce qui charme et nos cœurs et nos yeux.

DESCRIPTION POÉTIQUE

DU MATIN

L E feu des étoiles.
Commence à pâlir;
La nuit dans ses voiles
Court s'ensevelir;
L'ombre diminue,
Et comme une nue
S'élève et s'enfuit;
Le jour la poursuit,
Et par sa présence
Chasse le silence,
Enfant de la nuit.
L'amoureux satyre,
Au malin sourire,
Déjà dans les bois
Conte son martyre :
Mais, sourde à sa voix,
La nymphe timide

Fuit d'un pas rapide.
Sur le front brûlé
De ce dieu hâlé
Règnent la licence,
L'ardeur, les désirs
Et l'intempérance,
Fille des plaisirs.
Mais déjà l'aurore
Du feu de ses yeux
Embellit et dore
Les portes des cieux;
Son teint brille encore
Des vives couleurs
Qu'on voit sur les fleurs
Qu'elle fait éclore.
Le dieu du repos,
Couvert de pavots,
Remonte avec peine
Sur son char d'ébène.
Dans les airs portés,
Les aimables songes,
Suivis des mensonges,
Sont à ses côtés ;
Près de lui voltige
L Amour, qui s'afflige
De voir la clarté.
Le grand jour rend sage :
Sans obscurité
Plus de badinage,
Plus de liberté.
Sur un lit de roses

Fraîchement écloses,
Flore du grand jour
Attend le retour.
Le jeune Zéphire
A ses pieds soupire
Et le dieu badin,
Volant autour d'elle,
Du bout de son aile
Découvre son sein.
L'abeille agissante,
Fidèle au travail,
De la fleur naissante
Enlève l'émail ;
Tandis que, moins sage,
Le papillon vain
Parcourt en volage
La rose et le thym.
Tant que la fleurette,
Habile coquette,
Se cache à ses yeux,
Amant langoureux,
Près d'elle il s'arrête,
Et dans sa conquête
Voit mille plaisirs ;
Mais si l'infidèle
La rend moins cruelle,
Adieu les soupirs ;
Plus de complaisance ;
Dans la jouissance
Il perd ses désirs
Avec sa constance.

Tandis qu'à pas lents
Le bouvier rustique
Traîne dans les champs
Sa charrue antique,
Au bord des ruisseaux
Où naît la fougère,
La jeune bergère
Conduit ses troupeaux.
Une clarté pure
Éclaire ces lieux,
Et dans sa parure
La simple nature
Vient frapper nos yeux.
Philomèle éveille
Par ses doux concerts
Écho qui sommeille
Au fond des déserts.
En prenant sa route
Au plus haut des cieux
Phébus glorieux
Pousse sous leur voûte
Son char radieux.
Quittez, Atalante,
Le sein du repos,
La troupe galante
Du dieu de Paphos
De ma jeune amante
Ouvre les rideaux.
Qu'un voile de gaze
La cache à mes yeux,
Qu'elle les embrase,

S'ils sont curieux.
'Sans rouge et sans mouche,
Que toutes ses fleurs
Au feu de ma bouche
Doivent leurs couleurs.
Que le jour se lève,
Pour remplir ses vœux;
Que le jour s'achève,
Pour me rendre heureux.

LE MONDE POÉTIQUE

DEPUIS que je vous ai quitté
Mon esprit a peu consulté
Et l'austère Thémis et la douce Uranie ;
J'oublie également les lois et le génie,
Et je me meurs d'oisiveté.
Un levain de stoïcité
Mêle à mon sang tardif quelques humeurs chagrines;
Et j'ai, comme Zénon, des vertus bien voisines
De l'orgueil et de l'âpreté.
Figurez-vous d'abord l'ennui philosophique
Marchant les yeux distraits et morne en son maintien;
Et son cortège magnifique.
De grands raisonnements qui ne mènent à rien,
Ou qui ne sont au plus que le vain spécifique
Des maux dont il nous entretient.
Joignez-y quelque peu de fougue poétique,
Mélangé de légèreté
Et de traits de férocité
Qui me donnent en gros certain air prophétique.

Dont aux temps fabuleux j'aurois bïen profité.

De cet inutile assemblage
Naît l'oubli de Thémis et l'oubli d'Apollon.
Je suis un champ aride, une terre sauvage,
Que d'une aile brûlante a couvert l'aquilon.
Mon esprit est tombé comme une fleur fanée ;
Ma nudité s'étend sur tout ce que je voi ;

Et la nature autour de moi
Est une masse décharnée.

Nos coteaux, nos vallons, sont des objets muets,
Ou n'offrent à mes yeux que traces de misère.

Je pense, au fond de nos forêts,
Que le jour à regret m'éclaire.

L'univers porte encor les marques du chaos.

Pourquoi ces plantes dispersées,
Sous l'aconit brûlant ces roses oppressées,
Et l'ivraie étouffant ces utiles rameaux?

1 . . . .

Ce globe, cette mer de matière fluide
Qui, se voûtant en arc, forme notre horizon,

Qu'est-ce en effet qu'une prison
Qu'à tout moment la mort parcourt d'un vol rapide,
Où la corruption sème un germe infecté,
Où par le temps qui fuit, qui consume et qui mine,
Chaque être vers sa fin est sans cesse emporté,

Et se nourrit de sa ruine?
De désordre et de maux quelle variété!
Et combien différente étoit cette nature
Dont la docte Uranie enseigne la structure

1. Il manque ici quelques vers.

Au sommet du Parnasse où je fus allaité !
Je me rappelle encor l'instant où ma paupière
Par son souffle imprévu s'ouvrit à la lumière.
C'étoit lorsque Vénus remonte vers les cieux,
Pour quelque amant chéri venue en ces bas lieux ;
Au moment que l'Aurore avec des doigts de rose
Sépare en souriant la nuit d'avec le jour,
   Et que la terre qui repose
Est des dieux regardée avec des yeux d'amour.
   Dans une assez vaste distance
L'ombre et le jour traçoient deux zones dans les airs ;
L'univers au milieu s'élevoit en silence,
Comme un vaisseau léger s'avance sur les mers ;
L'orient au soleil préparoit une voie
De perles, de rubis des plus vives couleurs ;
Là le ciel en s'ouvrant sembloit verser des pleurs
   D'applaudissement et de joie,
Et les zéphyrs formoient les calices des fleurs
   Avec des fils d'or et de soie.
Sous les arbres chargés de verdure et de fruits,
Les oiseaux célébroient l'astre prêt à paroître,
Et les beautés du jour, et la fraîcheur des nuits,
   Ou le changement de leur être.
La nuit même admiroit un spectacle si beau ;
Ses dieux, comme des chars arrêtant leurs étoiles,
Osoient de la lumière attendre le flambeau
Et regrettoient ces lieux échappés à leurs voiles.
   Bientôt l'occident, plus serein,
Comme un gouffre profond les cacha dans son sein,
Tandis que de longs flots de matière argentée
Annoncèrent Phébus ; et la terre agitée,

Malgré l'immense poids qui forme son appui,
D'un léger tremblement s'inclina devant lui.
Tels furent les objets que m'offrit Uranie.
L'esprit plein de son feu, je prêtois même encor
   De la grandeur et de la vie
  A tout l'éclat de ce trésor.
Ce vide où je me trouve étoit encore à naître.
L'univers me parut comme un champ de plaisirs
   Tributaire de mes désirs,
Et que je crus fécond quand je m'en crus le maître.
   Ami, qui l'êtes des neuf Sœurs,
Qui, dans le goût constant que vous avez pour elles,
De mon génie éteint tirez des étincelles
Dont l'éclat peut encor m'attirer leurs douceurs,
Des inspirations et des grâces nouvelles,
   Excusez les traits inégaux
Dont mon esprit forma cette double peinture ;
   Libertin comme la nature,
Et peut-être unissant assez mal à propos
   La lyre avec les chalumeaux,
C'est dans vos entretiens variés et pleins d'âme
Que je crois respirer l'air du sacré vallon.
Delphes et la vapeur du trépied d'Apollon
N'ont point cette vertu dont votre esprit m'enflamme.
Aussi, lorsque l'hiver sorti du fond du nord
Répandra dans nos champs l'image de la mort,
J'irai chercher la vie et la solide gloire,
Et découvrir chez vous par quels heureux sentiers
Nos auteurs parviendroient au temple de Mémoire.
S'ils aimoient le travail autant que les lauriers.

LES PETITS TROUS

Conte.

A INSI qu'Hébé, la jeune Pompadour
  A deux jolis trous sur sa joue;
Deux trous charmants où le plaisir se joue,
Qui furent faits par la main de l'Amour.
L'enfant ailé, sous un rideau de gaze,
La vit dormir et la prit pour Psyché.
Qu'elle étoit belle! A l'instant il s'embrase :
Sur ses appas il demeure attaché.
Plus il la voit, plus son délire augmente;
Et, pénétré d'une si douce erreur,
Il veut mourir sur sa bouche charmante;
Heureux encor de mourir son vainqueur!
  Enchanté des roses nouvelles,
  D'un teint, dont l'éclat éblouit,
Il les touche du doigt, elles en sont plus belles;
Chaque fleur sous sa main s'ouvre et s'épanouit.
Pompadour se réveille, et l'Amour en soupire;

Il perd tout son bonheur en perdant son délire :
L'empreinte de son doigt forma ce joli trou,
  Séjour aimable du sourire,
  Dont le plus sage seroit fou.

VERS

A MADAME LA MARQUISE DE POMPADOUR

O·N avoit dit que l'enfant de Cythère
    Près du Lignon avoit perdu le jour;
Mais je l'ai vu dans le bois solitaire
Où va rêver la jeune Pompadour.
Il étoit seul : le flambeau qui l'éclaire
Ne brilloit plus; mais les prés d'alentour,
L'onde, les bois, tout annonçoit l'Amour.
Ce n'étoit point ce séducteur perfide,
Ce dieu cruel encensé par Ovide,
Dont le caprice enfante les désirs,
Qui s'affoiblit et meurt dans les plaisirs;
Mais cet enfant que l'innocence guide,
Qui, sûr de plaire, est modeste et timide.
Toujours vainqueur, et toujours désarmé,
Toujours aimable, il est toujours aimé.
Tel on le vit sous le bon roi Saturne,
Tel dans ces lieux nous l'adorons encor.
Tendre et rêveur, sans être taciturne,

Il fait aimer les mœurs du siècle d'or.
Nous reverrons enfin cet heureux âge
Où les penchants déterminoient le choix.
Déjà les dieux nous offrent dans ces bois
Des plaisirs purs et des jours sans nuage :
Tout va changer. Les crimes d'un volage
Ne seront plus érigés en exploits ;
La pudeur seule obtiendra notre hommage;
L'amour constant rentrera dans ses droits.
L'exemple en est donné par le plus grand des rois
Et par la beauté la plus sage.

COUPLETS

A MADAME DE POMPADOUR

L ES nymphes dans Cythère
Faisoient un jour
Un éloge sincère
De Pompadour.

Le trio des Grâces sourit,
L'Amour applaudit,
Et Vénus bouda.
O gué lan la, lanlère,
O gué lan la.

MADRIGAL

A MADAME LA MARQUISE DE POMPADOUR

Qu'est-ce qu'Amour? c'est un enfant, mon maître.
Il l'est aussi du berger et du roi.
Il est fait comme vous; il pense comme moi;
Mais il est plus hardi peut-être.

MADRIGAL

L<small>A</small> maîtresse du cabaret
Se devine sans qu'on la peigne ;
Le dieu d'amour est son portrait,
La jeune Hébé lui sert d'enseigne.
Bacchus, assis sur un tonneau,
La prend pour la fille de l'onde ;
Même en ne versant que de l'eau,
Elle a l'art d'enivrer son monde.

CHANSON

LE connois-tu, ma chère Éléonore,
  Ce tendre enfant qui te suit en tout lieu;
Ce foible enfant, qui le seroit encore,
Si tes regards n'en avoient fait un dieu?

  C'est par ta voix qu'il étend son empire;
Je ne le sens qu'en voyant tes appas :
Il est dans l'air que ta bouche respire,
Et sous les fleurs qui naissent sous tes pas.

  Qui te connoît connoîtra la tendresse,
Qui voit tes yeux en boira le poison.
Tu donnerois des sens à la sagesse
Et des désirs à la froide raison.

ENVOI A MADEMOISELLE ***

Oui, j'ai rêvé, charmante Éléonore,
Que vous étiez le dieu qu'on nomme Amour;
Mais par malheur la nuit fait place au jour :
Je vous revois, et l'erreur dure encore.

INVITATION A ZÉPHISE

L E plaisir, couronné de fleurs,
  Vient voler sur la table ;
Il attend pour charmer nos cœurs
    Un moment favorable.
Belle Zéphise, où tu n'es pas
    Pourroit-il nous séduire ?
Il a besoin de tes appas
    Pour fonder son empire.

Viens réveiller sous cet ormeau
    L'esprit et la saillie ;
On·t'attend auprès d'un tonneau
    Qu'a percé la Folie.
Ce champagne est prêt à partir ;
    Dans sa prison il fume,
Impatient de te couvrir
    ·De sa brillante écume.

Sais-tu pourquoi ce vin charmant,
  Lorsque ta main l'agite,
Comme un éclair étincelant
  Vole et se précipite ?
Bacchus en vain dans son flacon
  Retient l'Amour rebelle
L'Amour sort toujours de prison
  Sous la main d'une belle.

LES AMOURS INFORTUNÉES

DE MYSIS ET DE ZARA

Romance.

É.COUTEZ l'histoire
Du beau Mysis et de Zara :
   Jamais leur mémoire
Chez les amants ne périra.
   Venez tous m'entendre,
Vous que l'amour daigne inspirer ;
   Quand on est bien tendre
On a du plaisir à pleurer.

   L'Amour, dès l'enfance,
Venoit badiner avec eux ;
   Il formoit leur danse
Et présidoit à tous leurs jeux ;
   Mais ce badinage
Ne servoit qu'à les enflammer ;
   Au matin de l'âge
Tous deux déjà savoient aimer.

L'ardente jeunesse
Est l'âge brillant des amours;
La plus douce ivresse
Marqua le printemps de leurs jours.;
Leur âme ravie
Se confondoit à tout moment,
Et toute leur vie
N'étoit plus qu'un enchantement.

De riants mensonges
Les amusoient dans leur sommeil;
Toujours quelques songes
Leur faisoient craindre le réveil;
La naissante aurore
Voyoit Zara près de Mysis;
Et la nuit encore
Les trouvoit toujours réunis.

Voilà cette plaine
Où le matin Zara chantoit;
Voilà la fontaine,
Où le soir Mysis l'attendoit.
Ce bocage sombre
Vit naître leurs premiers soupirs;
Ce bois, sous son ombre,
Cacha leurs innocents plaisirs.

Qui pouvoit prédire
Le changement d'un sort si beau?
L'Amour qui soupire
Va donc éteindre son flambeau.

Hélas ! l'Hyménée
Alloit bientôt les couronner :
Heure fortunée,
Que vous êtes lente à sonner !

C'étoit donc la veille
De ce jour, de cet heureux jour,
Que Mysis s'éveille ;
Avec lui s'éveille l'Amour.
Le ciel sans nuage
Étoit mille fois plus serein.
Amour, quel présage.
Peut désormais être certain ?

Au fond d'un bocage
Zara devoit trouver Mysis.
La belle, peu sage,
L'avoit dit au berger Tharsis ;
Par une imposture
Il surprit ce secret fatal ;
Cet ami parjure
De Mysis étoit le rival.

Pour mieux la surprendre,
Tharsis dans le bois se cacha ;
La belle, trop tendre,
Crut voir Mysis et s'approcha.
Le soleil à peine
Répandoit un peu de clarté,
Et l'ombre incertaine
Aidoit à la témérité.

C'est donc vous, dit-elle,
Vous, mon amant dès le berceau !
Ma flamme fidèle
M'animera jusqu'au tombeau.
Oui, je veux t'y suivre ;
Rien ne pourra nous séparer :
Pour toi je veux vivre,
Avec toi je veux expirer.

Bergère insensée,
Mysis t'écoute avec horreur ;
Son âme offensée
Se livre entière à la fureur :
Un trait vole et frappe ;
Quel cri suit ce trait inhumain !
Dieux ! Tharsis s'échappe,
Et Zara sent percer son sein.

C'est toi qui me tue ;
Mais je pardonne à ta fureur :
Mon âme éperdue
T'aime jusque dans ton erreur.
Conserve la vie ;
Hélas ! je la perds sans retour.
Tu me l'as ravie,
Mais c'est la faute de l'Amour.

D'une voix mourante
Zara fait ainsi ses adieux ;
Et son âme errante
N'anime plus que ses beaux yeux.

O douleur mortelle !
Mysis se frappe au même instant,
Et perce auprès d'elle
Un cœur qui fut toujours constant.

Un tombeau s'élève ;
Les Grâces le couvrent de fleurs ;
L'Amour, qui l'achève,
En partant l'arrose de pleurs.
Ils sont donc ensemble,
Ces bergers, ces amants parfaits :
Une urne rassemble
Leurs cœurs percés des mêmes traits.

Bergères fidèles,
Témoins du sort de ces bergers ;
Plus vous êtes belles,
Et plus vous courez de dangers.
Craignez de vous rendre
Au charme d'un penchant trop doux :
L'amant le plus tendre
Devient bientôt le plus jaloux.

IMPROMPTU

A une dame qui se plaignoit d'être âgée
de quatre-vingts ans.

AVEC les qualités à tant d'esprit unies,
 Pouvez-vous regretter, Doris, vos premiers jours ?
Vous êtes aujourd'hui la reine des génies,
        Et vous la fûtes des amours.
Songez qu'il est bien peu d'hivers comme le vôtre ;
En vous laissant l'esprit, qu'a-t-il pu dérober ?
Doris, c'est proprement passer d'un trône à l'autre :
        Appelle-t-on cela tomber ?

REPONSE

A une dame qui demandoit qu'on corrigeât ses vers.

PLUS l'esprit a de liberté,
  Plus sa lumière est vive et pure ;
Le travail a souvent gâté
L'ouvrage heureux de la nature ;
La négligence est la parure
Des Grâces et de la-beauté.
  Ce ruisseau, l'amour de Zéphire,
Qui du voile des cieux réfléchissoit l'azur,
Et de Flore autrefois embellissoit l'empire,
Captif dans un bassin de marbre ou de porphyre,
  N'est plus ni si clair ni si pur.
  Esclave de l'art qui l'enchaîne,
Dans sa prison superbe il serpente avec peine ;
  Libre autrefois, dans ses longues erreurs,
  Il embrassoit, il arrosoit la plaine,
Et donnoit, en fuyant, la vie à mille fleurs.
  Trop de culture épuise un champ fertile.

L'exactitude est inutile
Aux vers qu'enfante le loisir;
L'ouvrage a toujours l'air facile
Quand le travail est un plaisir.
Zirphé, laissons aux dieux l'honneur d'être admirables;
C'est assez pour nous d'être aimables.
L'art fut jadis moins inventé
Pour éclairer, pour parer la beauté,
Que pour rendre plus supportables
Les traits choquants de la difformité.
N'enchaînez point votre muse charmante;
Prenez, si vous manquez de feu,
Le flambeau du dieu que je chante;
Osez lui tout devoir, et faites-en l'aveu.
L'Amour, dont le nom épouvante,
S'il blesse encor, blesse bien peu;
Sa chaîne n'est plus si pesante,
Et sa victoire n'est qu'un jeu.
Qu'il vous guide dans la carrière,
Qu'il soit votre Apollon, qu'il soit votre censeur.
Si j'étois l'Amour précepteur,
Zirphé seroit mon écolière.

A UNE DAME

Sur la traduction du Traité de la mort,
par Sherlock.

É GLÉ, votre funeste livre
Renferme un froid poison dont on ne peut guérir :
    En nous apprenant à mourir,
Le cruel nous ravit tout le plaisir de vivre.
Hélas ! nos tristes jours penchent vers leur couchant ;
Pour apprendre à mourir, est-il besoin d'un maître ?
Que tout autre intérêt cède au plaisir touchant
De recueillir les fleurs que le présent fait naître.
L'amour est notre vie ; oui, vivre, c'est aimer ;
C'est rendre un autre heureux, et c'est l'être soi-même.
    Vous donc qui sûtes m'enflammer,
Achevez mon bonheur, aimez-moi comme j'aime.
Mais si tous mes soupirs ne peuvent attendrir

Le cœur sans qui je ne puis vivre
Cruelle, prêtez-moi votre funeste livre,
Afin que j'apprenne à mourir.

APPENDICE

BIBLIOGRAPHIQUE

APPENDICE

BIBLIOGRAPHIQUE

———

Nous réunissons ici toutes les indications que nous avons pu recueillir, par nous-même ou dans les ouvrages des bibliographes les plus autorisés, sur les œuvres tant imprimées qu'inédites du cardinal de Bernis. Ce petit essai n'est sans doute pas rigoureusement complet et peut-être y constatera-t-on des lacunes ; qu'on veuille bien remarquer que nous ne prétendons pas à la perfection, désirant seulement guider autant que possible le lecteur au milieu des éditions multiples de ces poésies. En outre, il nous a paru bon de signaler au moins les plus importants travaux publiés sur un auteur si différemment apprécié et jugé tour à tour avec trop d'indulgence ou avec trop de sévérité.

I. — OUVRAGES IMPRIMÉS.

Épître sur la Paresse. — Paris, s. d., in-12, 15 pages.
Épître à mes Dieux pénates. — Paris, Didot, 1736, in-12, 15 pages.

Réflexions sur les Passions et sur les Goûts, et *Épître aux Dieux pénates.* — 1738, in-12, et 1741, in-12 (avec le nom de l'auteur).

Le Point de vue de l'Opéra et des courtisanes anciennes et modernes. — 1743, in-12 (anonyme).

Réimprimé sous le titre de :

Le Code lyrique ou *Règlement pour l'Opéra de Paris.* — Avec des éclaircissements historiques. A Utopie, chez Thomas Morus, à l'enseigne des Terres australes, MDCCXLIII. Avec permission ; in-18 de 95 pages.

Réimprimé encore avec le :

Règlement pour l'Opéra de Paris, avec des notes historiques (par *Meusnier de Querlon,* précédé du *Point de vue de l'Opéra,* par Bernis). — Utopie, chez Thomas Morus, etc. 1743, in-12 de 68 pages, titre gravé.

Cette facétie, assez amusante d'ailleurs, est plus que badine et par endroits fort satirique. Le *Règlement de l'Opéra* n'est autre chose qu'une espèce d'arrêt en cinquante articles, rendu par Momus pour réglementer, taxer et rendre fructueuse la galanterie des filles de l'Opéra. Les éclaircissements et notes historiques ne font qu'ajouter à la malignité des allusions dirigées contre des personnages contemporains, la plupart désignés par des initialismes. Ce qu'il y a de plus curieux au sujet de ce livret, c'est que Restif de la Bretonne, dans son *Mimographe,* a repris et traité fort sérieusement plusieurs des idées bouffonnes émises par Querlon et Bernis, au sujet des demoiselles d'Opéra.

La Gloire du roi, poème, 1744, pièce in-8°.

Les Poètes lyriques, ode de *M. L. D. B.* — Paris, Coignard, 1744, pièce in-8°.

Poésies diverses de M. L. D. B. — Paris, Coignard, 1744, in-8°.

Épithalame de Monseigneur le Dauphin, par *M. L. D. B.* de l'Académie françoise. — Paris, J.-B. Coignard et J. Desaint. — 1745, in-8°.

Réimprimé et inséré, sous le nom de l'auteur, dans le

volume des *Pièces d'éloquence et de poésie,* imprimé, en 1747, pour les années 1744 et 1745.

Miseys, ou le *Visage qui prédit;* histoire. — Troyes, 1745, in-12.

Cet ouvrage anonyme est attribué au cardinal de Bernis, dans la *France littéraire de 1769.*

Les Rois, ode de *M. l'abbé de Bernis.* — Paris, Coignard, s. d., pièce in-8°.

Poésies de M. L. D. B. — Paris, Coignard, s. d., in-8°.

Le Palais des Heures ou *les Quatre points du jour,* poème. — Rome, 1760, in-12.

Réimprimé à Amsterdam. J.-H. Schneider, 1761, petit in-8°.

Réimprimé souvent dans les *Œuvres complètes* sous le titre : *Les Quatre parties du Jour.*

Les Quatre saisons ou *les Géorgiques françaises,* poème. — 1763, in-12. Avec le nom de l'auteur.

La Religion vengée, poème en dix chants, par le cardinal de Bernis. — Parme ; Bodoni, 1795, petit in-folio, papier vélin, 50 exemplaires, 60 fr.; gr. papier vélin : 100 fr.; ou in-4° grand papier, 80 fr. — Il a été tiré du format in-folio un exemplaire sur vélin et deux sur vélin du format in-4°.

Ouvrage posthume publié par les soins du chevalier *d'Azara* et du cardinal *Gerdil.*

Autre édition : Parme, Bodoni, 1795, in-8°, 10 fr. 4 exemplaires sur vélin.

Autre édition : Strasbourg, Kœnig, 1795, in-8°, 4 fr.

Autre édition : Paris, 1805, in-8°, 3 fr. 50.

Nouvelle édition, conforme à celle de Parme (Bodoni, 1795). Paris, Aug. Delalain, 1824 ; in-12 : 2 fr. 25.

Réimprimé encore dans la *Collection Migne.* Démonstration évangélique, t. IX, et dans l'édition des *Œuvres complètes* de 1825.

Œuvres complètes.

Nous réunissons sous cette rubrique les nombreuses éditions des *Poésies,* intitulées tour à tour *Œuvres de M. l'abbé de Bernis, Poésies de M. L. D. B., Œuvres complètes de M. L. C. D. B., Œuvres du cardinal de Bernis, Œuvres de Bernis,* etc., etc. — Nous suivons l'ordre chronologique et faisons observer de nouveau que, bien que très longue déjà, cette liste n'est vraisemblablement pas complète :

1752, Genève, in-12.

1753, Genève, in-12.

1759, Amsterdam, in-12.

1761, Amsterdam, in-12.

1767, Londres, 2 vol., petit in-8°.

1767, la Haye, 2 vol. in-12.

1767, Paris, in-8°.

1773, Orléans, 2 vol. in-12.

1776, Londres (Rouen), 2 vol. in-12.

1777, Londres (Cazin), 2 vol. in-24, gravures.

1777, Londres (faux Cazin), 2 vol. in-24, sans gravures.

1779, Londres, 2 vol. in-18.

1780, Londres, 2 vol. in-18.

1781, Londres (Cazin), 2 vol. in-18, gravures.

1782, Londres, 2 vol. in-18.

1783, Londres, 2 vol. in-18.

1784, Londres, 2 vol. in-18.

1786, Londres, 2 vol. in-18.

1787, Londres (Rouen), 2 vol. in-18.

1791, Avignon, 2 vol. in-24.

1797, Paris, Didot, in-8°, portrait et gravures.

1798, Paris, Lottin, 3 vol. in-4°.

1802, Paris, Herhan, 2 vol. in-12, portrait.

1803, Paris, Fournier, in-36.

1805, Paris, Mlle Dabo, 2 vol. in-18 ou in-12.

1813, Paris, Mlle Dabo, 2 vol. in-18 ou in-12.

1819, Paris, Mlle Dabo, 2 vol. in-18 ou in-12.
1821, Paris, Mlle Dabo, 2 vol. in-18 ou in-12.
1822, Paris, Ménard et Desenne, 2 vol. in-18 et in-12.
Enfin la dernière édition, la plus complète, la plus correcte et la meilleure, à notre avis, est intitulée :

Œuvres du cardinal de Bernis, de l'Académie françoise. Collationnées sur les textes des premières éditions, et classées dans un ordre plus méthodique. — A Paris, chez N. Delangle, M.DCCC.XXV. — In-8° de VIII-476 p., portrait. — C'est d'après cette dernière édition qu'est faite la présente réimpression.

Correspondance de M. le cardinal de Bernis avec M. Pâris-Duverney, depuis 1752 jusqu'en 1769, précédée d'une notice historique. — Londres et Paris, 1790, 2 part. in-8°.

Correspondance de Bernis avec Voltaire, depuis 1761 jusqu'à 1777 ; publiée d'après leurs lettres originales, avec quelques notes, par *Bourgoing.* — Paris, Dupont, 1799, in-8°.

Sermons de M. le cardinal de Bernis. — Paris, A.-A. Renouard (édition stéréotype d'Herhan) 1803, 2 vol. in-18, 2 fr.; et 2 vol. in-12, papier vélin : 8 fr.

Ces sermons tombés dans l'oubli maintenant doivent être bien rares ; nous ne les avons jamais vus et M. Frédéric Masson les a vainement recherchés.

Mémoires et lettres de François-Joachim de Pierre cardinal de Bernis (1751-1758), publiés avec l'autorisation de sa famille, d'après les manuscrits inédits, par *Frédéric Masson,* bibliothécaire du ministère des affaires étrangères. — Paris, E. Plon et Cie, 1878, 2 vol. in-8° de CXXIV-478 et 503 pages, orné d'un beau portrait et d'un fac-similé : 16 fr.

II. — OUVRAGES INÉDITS.

Nous reproduisons, sans commentaire, les indications suivantes relevées dans le catalogue de la collection théâtrale de M. de Soleinne :

« *Aristotime,* tragédie (5 actes, vers), par l.B.F.D.P.B.N. (Joachim-Baptiste-François de Pierres Bernis, de Nismes (?)).

« *Judith,* tragédie (5 actes, vers), tirée de l'Écriture sainte. — Par le même.

« Le tout en un volume in-4°, écriture imitant l'impression, veau brun.

« *Manuscrit autographe* (?). La tragédie de *Judith* diffère de toutes les autres sur le même sujet, en ce que la mort d'Holopherne est accessoire et que ce personnage ne paraît pas même. La pièce roule sur l'amour d'Achior, chef des Ammonites, pour Judith qui y est peu sensible ; le style est assez correct. »

Cat. Soleinne, t. III, n° 3091.

« *L'Amour et les fées.* — Comédie en un acte et en vers libres (par l'abbé, depuis cardinal de Bernis), 1746, in-folio, sur papier non relié.

« Manuscrit original, avec des corrections *autographes* de l'auteur. On lit à la fin une approbation de Crébillon et une permission signée de M. de Marville. Cette jolie comédie n'a jamais été recueillie dans les œuvres de l'auteur. »

Cat. Soleinne, t. II, p. 110, n° 1870.

Indépendamment de ces trois pièces, dont la paternité ne paraît pas très exactement établie, il existe de nombreuses *lettres* de Bernis dont la publication offrirait de l'intérêt, si l'on s'en rapporte aux analyses données dans les catalogues de ventes d'autographes. Probablement aussi, dans le dépôt des archives du ministère des affaires étrangères, on trouverait d'importants travaux rédigés par Bernis, et dont l'impression rendrait assurément des services pour l'histoire du règne de Louis XV.

III. — Principaux ouvrages a consulter sur la vie de Bernis.

Biographie universelle de Michaud, t. IV, p. 315. Important article signé *Féletz;*

Biographie Rabbe, t. I, p. 354 ;

Biographie des contemporains, par Arnault, Jay, Jouy, etc., t: II, p. 413 ;

Dictionnaire de littérature, de Vapereau, p. 243 ;

Dictionnaire de la conversation, 2e édition, t. III, p. 61. Article signé *Dufey;*

La Harpe, Cours de littérature, *passim ;*

Grimm, Correspondance littéraire, *passim;*

Duclos, Mémoires secrets, édition Gay ; t. II, p. 317 et suivantes ;

Mémoires de Mme *du Hausset, passim;*

Sainte-Beuve, Causeries du lundi, t. VIII, p. 1 à 54 ;

C.-M.-D. de Féletz, Éloge du cardinal de Bernis. — Paris, 1839, in-4º (extrait du *Recueil* de l'Académie française ; tiré à part à très peu d'exemplaires);

J. Le Fèvre-Deumier. Célébrités d'autrefois. Essais biographiques et littéraires. — Paris, 1853, p. 237 à 297 ;

Portraits historiques, par *Pierre Clément.* — Consulter l'article sur les frères Pâris, p. 326-369 ;

Sénac de Meilhan, édition Lescure, p. 414-419 et, dans le même volume, l'excellente notice due à M. Loménie de Brienne, p. 420-438 ;

Bachaumont, Mémoires secrets, *passim ;*

J. Crétineau-Joly, Clément XIV et les jésuites, *passim;*

Mémoires pour servir à l'histoire de la persécution française, par l'abbé *d'Auribeau, passim ;*

Notice sur Bernis, par l'abbé de *Bonneval,* t. I, part. II,
p. 952 ;

Histoire de la chute des jésuites, par le comte *Alexis
de Saint-Priest ;*

Histoire du pontificat de Clément XIV, par le
P. Theiner ;

Histoire des pontifes Clément XIV et Pie VI, par
Artaud ;

Diverses notices en tête des éditions complètes des
Poésies et notamment celle du chevalier *d'Azara,* en tête
de la première édition de la *Religion vengée ;*

Enfin et par-dessus tout la remarquable *introduction*
mise, par M. *Frédéric Masson,* en tête de l'édition des
Mémoires et lettres de Bernis.

Au point de vue *iconographique* il n'y a que peu de
chose à dire ; il est bon de noter cependant que les plus
beaux portraits de Bernis sont ceux gravés par *Simon* et
Savart d'après *Callet,* par *D. Cunégo,* d'après le même,
enfin et surtout celui signé par *Le Mire.* Quant aux
estampes et vignettes qui illustrent les *Œuvres complètes,*
elles sont en assez grand nombre ; M. de la Bédoyère en
avait réuni une suite qui ne comptait pas moins d'une
trentaine de pièces. On y pourrait joindre une gravure,
introuvable aujourd'hui, dont les *Mémoires de Bachaumont* (12 novembre 1769) parlent en ces termes :

« On écrit de Rome qu'on a frappé une estampe allégo-
rique tout à fait plaisante. Elle représente le pape dans
un berceau qu'agite doucement M. le cardinal de Bernis ;
et au bas il est écrit : « Il a beau faire, il me berce ; mais
il ne m'endormira pas ». — On a attaché cette pasquinade,
suivant l'usage, à la statue de Marforio. »

On n'a pu, dans ce volume, donner, même par extraits,
le poème de *la Religion vengée,* dont les dix chants, con-
tenant environ 4,000 vers, forment la matière de près de
150 pages in-8°.

Peut-être ne sera-t-on pas fâché de connaître, au moins
par son plan, ce très froid ouvrage ; aussi croit-on devoir

reproduire ici les *arguments* de chaque chant, tels qu'ils ont été rédigés par l'auteur lui-même.

La Religion vengée. — CHANT PREMIER : l'Orgueil et la Volupté, auteurs de l'irréligion. Naissance de l'Orgueil à l'instant de la création. Son caractère. Il séduit les anges. Il est précipité avec eux. Discours de l'Orgueil aux démons. Il les arme une seconde fois contre Dieu. Il quitte le séjour de l'enfer après la création de l'homme, il le corrompt, il introduit successivement sur la terre les différentes erreurs combattues dans ce poème.

L'Idolâtrie. — CHANT SECOND : Paradis terrestre. L'Orgueil, séducteur des anges, séduit le premier homme. Meurtre d'Abel. Portrait de l'Orgueil dans le cœur de l'homme. Corruption générale. Le déluge universel. L'Orgueil et la Volupté établissent le polythéisme. L'Idolâtrie conduit à l'athéisme.

L'Athéisme. — CHANT TROISIÈME : Examen des principes de nos erreurs et de nos préjugés. L'idée de Dieu ne dérive point de ces principes. Preuves morales et physiques de l'existence de Dieu. Opinion de Bayle réfutée. L'île des athées.

Le matérialisme d'Épicure. — CHANT QUATRIÈME : l'Orgueil ne pouvant établir le pur athéisme invite les philosophes à chercher Dieu dans les seules forces de la nature. Réfutation du système des atomes, embelli par Lucrèce. Éloge du cardinal de Polignac. Spiritualité, immortalité de l'âme. Le matérialisme des anciens philosophes de la Grèce est renouvelé par Spinosa.

Le spinosisme. — CHANT CINQUIÈME : Exposition poétique du spinosisme. Absurdité de ses principes. Conséquences de ce système par rapport à la morale. Portrait de la cour. Puissance de la vertu. Réfutation de l'optimisme. L'Orgueil ne pouvant déterminer les hommes à

16

·l'athéisme leur fait embrasser le système plus spécieux· des déistes.

. *Le déisme.* — CHANT SIXIÈME : le déisme n'est qu'un athéisme déguisé. Ce système, inventé par l'Orgueil, est défendu par la Volupté. Portrait de la Volupté et de· l'Attrait. Exposition, réfutation du déisme. L'orgueilleuse· philosophie conduit au pyrrhonisme et à l'incrédulité.

Le pyrrhonisme. — CHANT SEPTIÈME : Tableau du sceptique mourant. Réfutation de l'ancien et nouveau pyrrhonisme. Objection des sceptiques. Portrait de Bayle. L'Orgueil n'ayant pu détruire la Religion par le pyrrhonisme et l'incrédulité veut la défigurer par l'hérésie. ·

L'hérésie. — CHANT HUITIÈME : l'Orgueil arme l'hérésie dès la naissance du christianisme. L'hérésie est la cause principale de la décadence et de la chute de l'empire d'Orient. Portrait de Mahomet. En différents temps l'hérésie a déchiré les États de l'Europe. Éloge du cardinal de Fleury. Danger de la nouveauté.

La corruption de l'esprit et des mœurs. — CHANT NEUVIÈME : la Religion gardienne des mœurs sous le règne de Louis XIV. L'Orgueil et la Volupté corrompent les mœurs sous la régence. Licence de l'imprimerie. Elle est la source principale de l'incrédulité et de la fausse· philosophie qui règnent aujourd'hui. Rien à gagner et tout à ·perdre en détruisant la religion. Le christianisme, vainement attaqué par l'impiété, triomphe enfin de l'Or-· gueil.

Le triomphe de la Religion. — CHANT DIXIÈME : la Religion, gravée dans le cœur des hommes, subsista depuis la création dans la famille des patriarches ; la loi de Moïse en développa les préceptes, le christianisme les perfectionna. Portrait de l'homme. Sans la révélation l'homme serait inexplicable. Caractère de la religion ⸱chrétienne ; elle

seule porte l'empreinte de la divinité; elle éclaire l'Homme
sur l'origine des maux dont il est accablé; elle nous rend
plus grands et plus heureux; elle est le fondement du
repos public et de la prospérité des empires. Prière à Dieu
pour la conversion des infidèles, au roi pour la défense de
la religion.

TABLE DES MATIÈRES

ODES.

ÉPITRES.

POÉSIES DIVERSES.

Achevé d'imprimer

par

LE 5 OCTOBRE 1882

www.ingramcontent.com/pod-product-compliance
Lightning Source LLC
Chambersburg PA
CBHW070254200326
41518CB00010B/1788